"十四五"职业教育山东省规划教材

工程建设法规实务

主　编　李朋波　廉　静　王光炎
副主编　尚美玲　朱青龙　孙　军
参　编　赵春俊　何学伟

北京理工大学出版社
BEIJING INSTITUTE OF TECHNOLOGY PRESS

内 容 简 介

本书依据国家最新修订颁布的工程建设相关法律法规编写,如《中华人民共和国民法典》《中华人民共和国环境保护法》《中华人民共和国安全生产法》《中华人民共和国招标投标法》等。本书与时俱进,重点章节的编写都采用了最新部门规章和标准。本书在内容上涵盖了工程建设领域涉及的主要法律法规,主要包括建设工程承发包法律制度、施工许可法律制度、合同法律制度、质量法律制度、安全生产法律制度、施工环境保护与节约能源法律制度、建设工程相关法规及工程纠纷处理法律制度等。全面反映了我国建设工程领域最新的法规体系。

本书适合土建相关专业教学用书,也适合土建类施工及管理人员参考使用。

版权专有　侵权必究

图书在版编目(CIP)数据

工程建设法规实务 / 李朋波,廉静,王光炎主编. -- 北京:北京理工大学出版社,2021.11(2022.9)
ISBN 978-7-5763-0769-6

Ⅰ. ①工… Ⅱ. ①李… ②廉… ③王… Ⅲ. ①建筑法-中国 Ⅳ. ①D922.297

中国版本图书馆 CIP 数据核字(2021)第 263435 号

出版发行 /	北京理工大学出版社有限责任公司
社　　址 /	北京市海淀区中关村南大街 5 号
邮　　编 /	100081
电　　话 /	(010)68914775(总编室)
	(010)82562903(教材售后服务热线)
	(010)68944723(其他图书服务热线)
网　　址 /	http://www.bitpress.com.cn
经　　销 /	全国各地新华书店
印　　刷 /	定州市新华印刷有限公司
开　　本 /	889 毫米×1194 毫米　1/16
印　　张 /	11.5
字　　数 /	220 千字
版　　次 /	2021 年 11 月第 1 版　2022 年 9 月第 2 次印刷
定　　价 /	33.00 元

责任编辑 / 张荣君
文案编辑 / 张荣君
责任校对 / 周瑞红
责任印制 / 边心超

图书出现印装质量问题,请拨打售后服务热线,本社负责调换

前言
FOREWORD

建筑行业作为我国国民经济的支柱产业，近年来随着社会经济的迅猛发展也在快速转型发展，建设工程领域的立法工作也不断加快，建设法律体系也在不断完善和成熟，近年来，国家修订和颁布了一大批与工程建设相关的法律法规，急需将这些新修订的法律法规写进教材，进入课堂。工程建设法规是职业院校土建类专业的一门专业必修课程。其任务是培养学生的工程建设法律意识，使学生掌握建设法律法规的基本知识，具备运用所学法律法规基本知识，在实际工作中解决工程建设中相关法律问题的能力。为学生今后在工作中树立遵规守法的意识，具有依法维权的基本能力奠定一定基础，以增强学生对社会的适应能力和在市场经济条件下的竞争能力。

本书依据国家最新修订颁布的工程建设相关法律法规编写，如《中华人民共和国民法典》《中华人民共和国环境保护法》《中华人民共和国安全生产法》《中华人民共和国招标投标法》等。本书与时俱进，重点章节的编写都采用了最新部门规章和标准。本书在内容上涵盖了工程建设领域涉及的主要法律法规，主要包括建设工程承发包法律制度、施工许可法律制度、合同法律制度、质量法律制度、安全生产法律制度、施工环境保护与节约能源法律制度、建设工程相关法规及工程纠纷处理法律制度等，全面反映了我国建设工程领域最新的法规体系。本书具有四个显著特点。

1. 教学内容与岗位标准对接。本书内容体系与学生将来要参加的二级建造师考试大纲紧密衔接，以便学生毕业后考取二级建造师执业资格。

2. 理论与工程实践相结合。本书每章节以实践案例导入，讲解重难点理论之后，由案例分析、案例讨论等层层剖析。每个案例后都附有相应的法律条款的解释，帮助学生系统地学习理解和记忆。

3. 课堂教学与课外练习相结合。每小节后都给学生准备了思考题及详细习题解析，每章后都附有本章小结和复习思考，开发学生的主动学习能力。

4. 线上资源内容丰富、高效互动、技术先进、共享开放、持续更新。本书涵盖素材资源、培训包、企业案例，能满足学生、企业员工和社会学习者的学习需求。

在本书的编写过程中参阅了大量的文献资料及网络资料，在此对资料的提供者表示衷心的感谢。由于编写时间所限及编者能力有限，书中不足之处和错误疏漏在所难免，恳请广大读者批评指正。反馈邮箱：bitpress_ zzfs@ bitpress.com.cn。

编　者

目 录
CONTENTS

单元一　建设法规概述 ··· 1
　　第一节　建设法规的概念和体系 ·· 2
　　第二节　建设工程基本法律制度 ·· 4
　　单元小结 ··· 14
　　单元练习 ··· 14

单元二　建设工程许可法律制度 ··· 16
　　第一节　建设工程施工许可制度 ·· 17
　　第二节　企业资质管理许可制度 ·· 20
　　第三节　工程建设从业人员执业资格制度 ······································· 24
　　单元小结 ··· 32
　　单元练习 ··· 32

单元三　建设工程发承包法律制度 ··· 35
　　第一节　招投标制度 ··· 36
　　第二节　建筑工程发承包制度 ·· 48
　　第三节　建设工程监理制度 ··· 54
　　单元小结 ··· 59
　　单元练习 ··· 59

单元四　合同法律制度 ··· 61
　　第一节　合同概述 ·· 62
　　第二节　合同的订立 ··· 66
　　第三节　合同的效力 ··· 72
　　第四节　合同的履行 ··· 77
　　第五节　合同的变更、转让和终止 ··· 82
　　第六节　合同的违约责任 ·· 86
　　单元小结 ··· 89
　　单元练习 ··· 89

单元五　建设工程质量管理法律制度 … 92
第一节　施工单位的质量责任和义务 … 93
第二节　建设单位与相关单位质量责任与义务 … 99
第三节　建设工程竣工验收制度 … 105
单元小结 … 113
单元练习 … 114

单元六　建设工程安全生产法律制度 … 116
第一节　建设工程安全生产管理概述 … 117
第二节　企业安全生产责任制度 … 123
第三节　施工现场安全生产管理制度 … 131
第四节　安全事故的应急救援与调查处理制度 … 136
单元小结 … 140
单元练习 … 141

单元七　环境保护与节约能源法律制度 … 143
第一节　施工现场环境保护制度 … 144
第二节　施工节约能源制度 … 150
单元小结 … 155
单元练习 … 156

单元八　建设工程纠纷处理法律制度 … 158
第一节　民事纠纷的处理方法 … 159
第二节　民事诉讼法 … 161
第三节　仲裁法 … 171
单元小结 … 176
单元练习 … 176

参考文献 … 178

单元一

建设法规概述

学习目标

【知识目标】
1. 掌握建设法规体系的构成及效力等级。
2. 掌握建设工程基本法律制度：法人制度、代理制度、债权制度、担保制度、建设工程法律责任制度。

【能力目标】
1. 能够明确列出我国法律体系的组成部分。
2. 能够进行建设法规效力层级的判断。
3. 能够区分建设法律关系的主体和客体。

思维导图

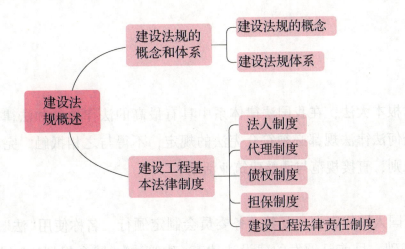

第一节 建设法规的概念和体系

建筑业在国民经济中占有重要的地位,它与整个国家经济的发展、人民生活的改善有着密切的关系,只有依法规范工程建设活动,才能确保建筑产品的质量和安全。

一、建设法规的概念

建设法规是指有立法权的国家权力机关或其授权的行政机关制定的,旨在调整国家及其有关机构、企事业单位、社会团体、公民之间,在建设活动中或建设行政管理活动中发生的各种社会关系的法律、法规的统称。

建设活动是指土木工程、建筑工程、线路管道,以及设备安装工程的新建、扩建、改建活动和建筑装修装饰等活动。在建设活动中,一般以合同的形式,确定平等自愿、互利互助的横向协作关系。

二、建设法规体系

法律体系是指由一个国家现行的各个部门法构成的有机联系的统一整体。部门法是根据一定标准、原则所制定的同类法律规范的总称。

建设法规体系是指把已经制定的和需要制定的建设工程方面的法律、行政法规、部门规章和地方法规、地方规章有机地结合起来,形成的一个相互联系、相互补充、相互协调的完整统一的体系。

1. 构成

(1)宪法

宪法是国家的根本大法,在我国法律体系中具有最高的法律地位和法律效力,是我国最高的法律形式,任何法律法规都必须符合宪法的规定,不得与之相抵触。宪法明确了国家基本建设的方针与原则,直接规范与调整建筑业活动。

(2)建设法律

建设法律由全国人民代表大会及其常务委员会制定颁行,名称使用"法"。它们是建设法规体系的核心和基础。目前已颁发的建设法律有《建筑法》《城乡规划法》《城市房地产管理法》。相关法律有《招标投标法》《测绘法》《土地管理法》《合同法》等。

(3) 建设行政法规

建设行政法规由国务院依法制定并颁布，名称使用"条例""规定""办法"。属于建设行政主管部门业务范围的各项行政法规，其效力低于建设法律，在全国范围内有效，例如《建设工程质量管理条例》《招标投标法实施条例》等。

(4) 建设部门规章

建设部门规章由住房和城乡建设部单独制定或其与国务院其他相关部门联合制定颁行，在其管理权限内适用；名称使用"规定""办法""实施细则"，不能使用"条例"。它是对"法"和"条例"的具体补充或具体规定，如《建设工程勘察设计资质管理规定》《住宅室内装饰装修管理办法》《注册建筑师条例实施细则》等。

(5) 地方性建设法规

地方性建设法规由省（自治区、直辖市）、设区的市的人民代表大会及其常务委员会制定颁行，在其管辖区内适用，名称使用"条例"，如《湖北省建筑市场管理条例》《湖北省城乡规划条例》《湖北省燃气管理条例》等。

(6) 地方性建设规章

地方性建设规章省（自治区、直辖市）、设区的市的人民政府制定颁行，在其管辖范围内适用，名称使用"规定""办法""实施细则"，不能使用"条例"。如《湖北省防治工程建设领域商业贿赂行为暂行办法》《湖北省古树名木保护管理办法》《湖北省民用建筑能效测评标识管理实施细则》等。

2. 效力等级的基本原则

我国建设法规体系中的各种法律规定，由于制定的主体、程序、时间、适用范围等因素的不同，具有不同的效力，为解决其法律效力的竞争与冲突问题，必须形成效力等级体系。确定效力等级的基本原则是上位法优于下位法、特别法优于一般法、新法优于旧法。

(1) 宪法至上

宪法是我国的根本大法，具有最高的法律效力。宪法作为根本法和母法，是其他立法活动的最高法律依据。任何法律、法规都必须遵循宪法而产生。无论是维护社会稳定、保障社会秩序，还是规范经济秩序，都不能违背宪法的基本准则。

(2) 上位法优于下位法

当上位法与下位法发生冲突时，优先适用上位法，保证法律内部的和谐。《立法法》规定，法律的效力高于行政法规、地方性法规、规章。行政法规的效力高于地方性法规、规章，如《建筑法》效力高于《建设工程质量管理条例》。

(3) 特别法优于一般法

当法律文件中的一般规定与特别规定不一致时，优先适用特别规定，以解决竞争的法律处于同一位阶的问题。《立法法》规定，同一机关制定的法律、行政法规、地方性法规、自治条例和单行条例、规章，特别规定与一般规定不一致的，适用特别规定，如通过招标发包订立合同时，《招标投标法》优先于《中华人民共和国民法典》（以下简称《民法典》）。

（4）新法优于旧法

新法、旧法对同一事项有不同规定时，新法的效力优于旧法，以解决冲突的法律处于同一位阶的问题。《立法法》规定，同一机关制定的法律、行政法规、地方性法规、自治条例和单行条例、规章，新的规定与旧的规定不一致的，适用新的规定，如《城乡规划法》取代《城市规划法》。

我国建设法规体系的效力等级是建设法律效力最高，越往下法律效力越低，下位法是对上位法的补充、具体和深化。效力低的法律规定不得与比其效力高的法律规定相抵触，否则将视为无效。建设法律、建设行政法规、建设部门规章在全国范围内适用，地方性建设法规和地方性建设规章只在地方适用。

法院在审理案件时，当上位法的规定过于抽象、没有可操作性时，就要适用相关下位法中的规定，下位法是对上位法的补充、具体、深入，具有可操作性。另外，最高人民法院作出的司法解释是司法机关在适用法律时，结合客观实际作出的解释，它对法律填补漏洞，它的效力低于法律。

第二节　建设工程基本法律制度

建设工程保险制度

案例导入

某承包合同在实际履行中没有书面授权是否形成代理关系

地处 A 市的某设计院承担了坐落在 B 市的某项"设计—采购—施工"承包任务。该设计院将工程的施工任务分包给 B 市的某施工单位。设计院在施工现场派驻了包括甲在内的项目管理班子，施工单位则以乙为项目经理组成了项目经理部。施工任务完成后，施工单位以设计院尚欠工程款为由向仲裁委员会申请仲裁，主要依据是有甲签字确认的所增加的工程量。设计院认为甲并不是该项目的设计院方的项目经理，不承认甲签字的效力。经查实，甲既不是合同中约定的设计院的授权负责人，也没有设计院的授权委托书。但合同中约定的授权负责人基本没有去过该项目现场。事实上，该项目一直由甲实际负责，且该设计院曾经认可甲签字付款的情形。问题：设计院是否应当承担付款责任，为什么？

案例分析：根据《民法典》规定："公民、法人可以通过代理人实施民事法律行为。代理人在代理权限内，以被代理人的名义实施民事法律行为，被代理人对代理人的代理行为承担民事责任。"甲虽没有设计院的授权委托书，也不是合同中约定的设计院负责人，但该项目一直由甲实际负责，且该设计院曾经有认可甲签字付款的情形，所以双方实际已形成表见代理的关系。

另《民法典》规定："企业法人对它的法定代表人和其他工作人员的经营活动，承担民事责任。"设计院与甲之间已形成表见代理关系，且甲不具备法人资格，甲的现场项目管理班子也不具备法人资格，所以甲签字的法律后果应由企业法人承担责任，设计院应当承担付款责任。

一、法人制度

法人是与自然人相对应的概念，是法律赋予社会组织具有法律人格的一项制度。《民法典》规定：法人是具有民事权利能力和民事行为能力，依法独立享有民事权利和承担民事义务的组织。

1. 法人的成立

根据《民法典》的规定："法人应当依法成立。法人应当有自己的名称、组织机构、住所、财产或者经费。法人成立的具体条件和程序，须经有关机关批准。法人的民事权利能力和民事行为能力，从法人成立时产生，到法人终止时消灭。法人以其全部财产独立承担民事责任。"

依照法律或者法人章程的规定，代表法人从事民事活动的负责人，为法人的法定代表人。法定代表人以法人名义从事的民事活动，其法律后果由法人承受。法人以其主要办事机构所在地为住所。依法需要办理法人登记的，应当将主要办事机构所在地登记为住所。

法定代表人因执行职务造成他人损害的，由法人承担民事责任。法人承担民事责任后，依照法律或者法人章程的规定，可以向有过错的法定代表人追偿。

2. 法人的分类

法人分为营利法人、非营利法人和特别法人。

（1）营利法人

以取得利润并分配给股东等出资人为目的成立的法人，为营利法人。营利法人包括有限责任公司法人、股份有限公司法人和其他企业法人等。

(2) 非营利法人

为公益目的或者其他非营利目的成立，不向出资人、设立人或者会员分配所取得利润的法人，为非营利法人。非营利法人包括事业单位、社会团体、基金会、社会服务机构等。

(3) 特别法人

特别法人是指农村集体经济组织法人、城镇农村的合作经济组织法人及基层群众性自治组织法人，为特别法人。

非法人组织是不具有法人资格，但是能够依法以自己的名义从事民事活动的组织。包括个人独资企业、合伙企业、不具有法人资格的专业服务机构等。

3. 法人在建设工程中的地位

法人是建设工程的基本主体，依法独立享有民事权利、承担民事义务和民事责任。施工单位、勘察设计单位、监理单位通常是具有法人资格的组织。建设单位一般也应当具有法人资格，但有时候建设单位也可能是没有法人资格的其他组织。

二、代理制度

代理是指代理人在被授予的代理权限范围内，以被代理人的名义与第三人实施法律行为，而行为后果由该被代理人承担的法律制度。代理所涉及的三方当事人是被代理人、代理人和代理关系所涉及的第三人。

《民法典》规定："民事主体可以通过代理人实施民事法律行为。依照法律规定、当事人约定或者民事法律行为的性质，应当由本人亲自实施的民事法律行为，不得代理。代理人在代理权限内，以被代理人名义实施的民事法律行为，对被代理人发生效力。"

1. 代理的法律特征

(1) 代理人必须在代理权限范围内实施代理行为

代理人实施代理活动的直接依据是代理权。因此，代理人必须在代理权限范围内与第三人或相对人实施代理行为。

(2) 代理人应该以被代理人的名义实施代理行为

代理人如果以自己的名义实施代理行为，则该代理行为产生的法律后果只能由代理人自行承担。那么，这种行为是自己的行为而非代理行为。

(3) 代理行为必须是具有法律意义的行为

代理人为被代理人实施的是能够产生法律上的权利义务关系，产生法律后果的行为。如果是代理人请朋友吃饭、聚会等，不能产生权利义务关系，就不是代理行为。

(4) 代理行为的法律后果归属于被代理人

代理人在代理权限内，以被代理人的名义同第三人进行的具有法律意义的行为，在法律上产生与被代理人自己的行为同样的后果。因而，被代理人的代理行为承担民事责任。

2. 代理的主要种类

《民法典》规定：代理包括委托代理和法定代理。

(1) 委托代理

委托代理人按照被代理人的委托行使代理权。

委托代理授权采用书面形式的，授权委托书应当载明代理人的姓名或者名称、代理事项、权限和期间，并由被代理人签名或者盖章。

(2) 法定代理

十八周岁以上的自然人为成年人，不满十八周岁的自然人为未成年人。成年人为完全民事行为能力人，可以独立实施民事法律行为。十六周岁以上的未成年人，以自己的劳动收入为主要生活来源的，视为完全民事行为能力人。八周岁以上的未成年人为限制民事行为能力人，实施民事法律行为由其法定代理人代理或者经其法定代理人同意、追认，但是可以独立实施纯获利益的民事法律行为或者与其年龄、智力相适应的民事法律行为。

《民法典》规定："无民事行为能力人、限制民事行为能力人的监护人是其法定代理人。其中，不满八周岁的未成年人或者不能辨认自己行为的成年人为无民事行为能力人，由其法定代理人代理实施民事法律行为。"

3. 无权代理与表见代理

(1) 无权代理

无权代理是指行为人不具有代理权，但以他人的名义与第三人进行法律行为。

《民法典》规定："行为人没有代理权、超越代理权或者代理权终止后，仍然实施代理行为，未经被代理人追认的，对被代理人不发生效力。相对人可以催告被代理人自收到通知之日起一个月内予以追认。被代理人未作表示的，视为拒绝追认。相对人知道或者应当知道行为人无权代理的，相对人和行为人按照各自的过错承担责任。"

无权代理的结果有两种：一是经被代理人追认，可转化为有权代理；二是被代理人不追认，则无权代理人自行承担一切不良后果。

(2) 表见代理

表见代理是指行为人虽无权代理，但由于行为人的某些行为，造成了足以使善意第三人相信其有代理权的表象，而与善意第三人进行的、由本人承担法律果的代理行为。《民法典》规定："行为人没有代理权、超越代理权或者代理权终止后以被代理人名义订立合同，相对人有理由相信行为人有代理权的，该代理行为有效。"

表见代理的构成要件：一是存在足以相对人相信行为人具有代理权的事实或理由。这是构成表见代理的客观要求。如行为人持有本人发出的委任状、已加盖公章的空白合同书或者有显示本人向行为人授予代理权的通知函告等证明类文件。二是本人存在过失。其过失表现为本人表达了足以使第三人相信有授权意思的表示，或者实施了足以使第三人相信有授权意义的行为，发生了外表授权的事实。三是相对人为善意。这是构成表见代理的主观要件。如果相对人明知行为人无代理权而仍与之实施民事行为，则相对人为主观恶意，不构成表见代理。

表见代理对本人产生有权代理的效力，即在相对人与本人之间产生民事法律关系。本人受表见代理人与相对人之间实施的法律行为的约束，享有该行为设定的权利和履行该行为约定的义务。本人不能以无权代理为抗辩。本人在承担表见代理行为所产生的责任后，可以向无权代理人追偿因代理行为而遭受的损失。

三、债权制度

《民法典》规定："民事主体依法享有债权。债权是因合同、侵权行为、无因管理、不当得利及法律的其他规定，权利人请求特定义务人为或者不为一定行为的权利。"

1. 债的内容

债的内容是指债的主体双方间的权利与义务，即债权人享有的权利和债务人负担的义务，即债权与债务。债权为请求特定人为特定行为作为或不作为的权利。

债权是相对权。包含以下三个方面：①债权主体的相对性；②债权内容的相对性；③债权责任的相对性。债务是根据当事人的约定或者法律规定，债务人所负担的应为特定行为的义务。

2. 建设工程债的产生

建设工程债的产生是指特定当事人之间债权债务关系的产生。引起债产生的一定的法律事实，就是债产生的根据。建设工程债产生的根据有合同、侵权、无因管理和不当得利。

（1）合同之债

任何合同关系的设立，都会在当事人之间发生债权债务的关系。合同引起债的关系，是债发生的最主要、最普通的依据。

建设工程债的产生，最主要的也是合同。如施工合同的订立，使施工单位与建设单位之间产生债；材料设备买卖合同的订立，会在施工单位与材料设备供应商之间产生债的关系。

（2）侵权之债

侵权是指公民或法人没有法律依据而侵害他人的财产权利或人身权利的行为。侵权行为一经发生，即在侵权行为人和被侵权人之间形成债的关系。

(3) 无因管理之债

无因管理是指管理人员和服务人员没有法律上的特定义务，也没有受到他人委托，自觉为他人管理事物或提供服务。无因管理在管理人员或服务人员与受益人之间形成了债的关系。

(4) 不当得利之债

不当得利是指没有法律上或者合同上的依据，有损于他人利益而自身取得利益的行为。由于不当得利造成他人利益的损害，因此在得利者与受害者之间形成债的关系。得利者应当将所得的不当利益返还给受损害的人。

3. 建设工程债的种类

(1) 建设工程合同之债

建设工程合同是承包人进行工程建设，发包人支付价款的合同，包括工程勘察合同、设计合同、施工合同。

(2) 买卖合同之债

在建设工程活动中，会产生大量的买卖合同，主要是材料设备买卖合同。材料设备的买方有可能是建设单位，也可能是施工单位。他们会与材料设备供应商产生债。

(3) 侵权之债

最常见的是施工单位的施工活动所产生的侵权。如施工噪声或者废水、废气、废渣的排放等扰民行为，可能对工地附近的居民构成侵权。此时，居民是债权人，施工单位或建设单位是债务人。

四、担保制度

担保是指当事人根据法律规定或者双方约定，为促使债务人履行债务实现债权人的权利的法律制度。

在建设工程活动中，常用的担保方式有保证、抵押、留置和定金。

1. 保证

保证是指保证人和债权人约定，当债务人不履行债务时，保证人按照约定履行债务或者承担责任的行为。具有代为清偿债务能力的法人、其他组织或者公民，可以做保证人。但在建设工程活动中，由于担保的标的额较大，保证人往往是银行，也有信用比较高的其他担保人，如担保公司。银行出具的保证通常称为保函，其他保证人出具的书面保证一般称为保证书。

建设工程担保制度

(1) 保证人资格

具有代为偿清债务能力的法人、其他组织或者公民，可以作为保证人。但是，以下组织不能作为保证人。

①国家机关不得为保证人,但经国务院批准为使用外国政府或者国际经济组织贷款进行转贷的除外。

②学校、幼儿园、医院等以公益为目的的事业单位和社会团体不得为保证人。

③企业法人的分支机构、职能部门不得为保证人。

(2) 保证合同

保证人与债权人应当以书面形式订立保证合同。保证合同内容包括:一是被保证的主债权种类、数额;二是债务人履行债务的期限;三是保证的方式;四是保证担保的范围;五是保证的期间;六是双方认为需要约定的其他事项。保证合同不完全具备以上规定内容的,可以补正。

(3) 保证责任

保证合同生效后,保证人就应当在合同约定的保证范围和保证期间承担保证责任。

保证担保的范围包括主债权及利息、违约金、损害赔偿金和实现债权的费用。保证合同另有约定的,按照约定。当事人对保证担保的范围没有约定或者约定不明确的,保证人应当对全部债务承担责任。

(4) 建设工程施工常用的担保种类

①施工投标保证金。《招标投标法实施条例》规定:投标保证金是指投标人按照招标文件的要求向招标人出具的,以一定金额表示的投标责任担保。其实质是为了避免因投标人在投标有效期内随意撤销投标或中标后不能提交履约保证金和签署合同等行为而给招标人造成损失。投标保证金除现金外,可以是银行出具的银行保函、保兑支票、银行汇票或现金支票。

②施工合同履约保证金。《招标投标法》规定:招标文件要求中标人提交履约保证金的,中标人应当提交。施工合同履约保证金,是为了保证施工合同的顺利履行而要求承包人提供的担保。施工合同履约保证金多为提供第三人的信用担保(保证),一般是由银行或者担保公司向招标人出具履约保函或者保证书。

③工程款支付担保。《工程建设项目施工招标投标办法》规定:招标人要求中标人提供履约保证金或其他形式履约担保的,招标人应当同时向中标人提供工程款支付担保。

工程款支付担保,是发包人向承包人提交的、保证按照合同约定支付工程款的担保,通常采用由银行出具保函的方式。

④预付款担保。预付款担保是指承包人向发包人提供的用于实现承包人按合同规定进行施工,偿还发包人已支付的全部预付金额的担保。如果承包人违约,使发包人不能在规定期限内从应付工程款中扣除全部预付款,则发包人有权行使预付款担保权利作为补偿。

2. 抵押

抵押是指债务人或者第三人不转移对财产的占有,将该财产作为债权的担保。债务人不履行债务时，债权人有权依照法律规定以该财产折价或者以拍卖、变卖该财产的价款优先受偿。其中，债务人或者第三人称为抵押人，债权人称为抵押权人，提供担保的财产为抵押物。

(1) 可以抵押的财产

建筑物和其他土地附着物；建设用地使用权；以招标、拍卖、公开协商等方式取得的荒地等土地承包经营权；生产设备、原材料、半成品、产品；正在建设的建筑物、船舶、航空器；交通运输工具；法律、行政法规未禁止抵押的其他财产。

(2) 不得抵押的财产

下列财产不得抵押：土地所有权；耕地、宅基地、自留地、自留山等集体所有的土地使用权；学校、幼儿园、医院等以公益为目的的事业单位、社会团体的教育设施、医疗卫生设施和其他社会公益设施；所有权、使用权不明或者有争议的财产；依法被查封、扣押、监管的财产；依法不得抵押的其他财产。

(3) 抵押的效力

抵押担保的范围包括主债权及利息、违约金损害赔偿金和实现抵押权的费用。当事人也可以在抵押合同中约定抵押担保的范围。

抵押人有义务妥善保管抵押物并保证其价值。抵押期间，抵押人转让已办理登记的抵押物，应当通知抵押权人并告知受让人转让物已经抵押的情况；否则，该转让行为无效。抵押人转让抵押物的价款，应当向抵押权人提前清偿所担保的债权或者向与抵押权人约定的第三人提存。超过债权的部分归抵押人所有，不足部分由债务人清偿。转让抵押物的价款不得明显低于其价值。抵押人的行为足以使抵押物价值减少的，抵押权人有权要求抵押人停止其行为。

3. 留置

留置是指债权人按照合同约定占有债务人的动产，债务人不按照合同约定的期限履行债务的，债权人有权依照法律规定留置该动产，以该财产折价或者以拍卖、变卖该财产的价款优先受偿。留置担保的范围包括主债权及利息、违约金、损害赔偿金、留置物保管费用和实现留置权的费用。

因保管合同、运输合同、加工承揽合同发生的债权，债务人不履行债务的，债权人有留置权。法律规定可以留置的其他合同，适用以上规定。当事人可以在合同中规定不得留置的物。

留置权人负有妥善保管留置物的义务。因保管不善致使留置物灭失或者毁损的，留置权人应当承担民事责任。

4. 定金

当事人可以约定一方向对方给付定金作为债权的担保。债务人履行债务后，定金应当抵作价款或者收回。给付定金的一方不履行约定的债务的，无权要求返还定金；收受定金的一方不履行约定的债务的，应当双倍返还定金。

定金应当以书面形式约定。当事人在定金合同中应当约定交付定金的期限。定金合同从实际交付定金之日起生效。定金的数额由当事人约定，但不得超过主合同标的额的20%。如在订立勘察合同、设计合同时，要求建设单位交付定金。

五、建设工程法律责任制度

法律责任是指行为人由于违法行为、违约行为或者由于法律规定而应承受的某种不利的法律后果。法律责任不同于其他社会责任，法律责任的范围、性质、大小、期限等均在法律上有明确规定。

法律责任的特征有：法律责任是因违反法律上的义务（包括违约等）而形成的法律后果，以法律义务的存在为前提；法律责任即承担不利的后果；法律责任的认定和追究，由国家专门机关依照法定程序进行；法律责任的实现由国家强制力保障。

1. 建设工程民事责任

民事责任是指民事主体在民事活动中，因实施了民事违法行为，根据民法所应承担的对其不利的民事法律后果或者基于法律特别规定而应承担的民事法律后果。民事责任的功能主要是一种民事法律救济手段，使受害人被侵犯的权益得以恢复。

民事责任有违约责任和侵权责任两类。违约责任是指合同当事人违反法律规定或合同约定的义务而应承担的责任。侵权责任是指行为人因过错侵害他人财产、人身而依法应当承担的责任，以及虽没有过错，但在造成损害以后，依法应当承担的责任。

承担民事责任的方式主要有：停止侵害，排除妨碍，消除危险，返还财产，恢复原状，修理、重作、更换，继续履行，赔偿损失，支付违约金，消除影响、恢复名誉，赔礼道歉。以上承担民事责任的方式，可以单独适用，也可以合并适用。

2. 建设工程行政责任

行政责任是指违反有关行政管理的法律法规规定，但尚未构成犯罪的行为，依法应承担的行政法律后果，包括行政处罚和行政处分。

（1）行政处罚

《行政处罚法》规定，行政处罚的种类有：警告；罚款；没收违法所得，没收非法财物；责令停产停业；暂扣或者吊销许可证，暂扣或者吊销执照；行政拘留；法律、行政法规规定的其他行政处罚。

在建设工程领域，法律、行政法规所设定的行政处罚主要有：警告、罚款、没收违法所得、责令限期改正、责令停业整顿、取消一定期限内参加依法必须进行招标的项目的投标资格、责令停止施工、降低资质等级、吊销资质证书(同时吊销营业执照)、责令停止执业、吊销执业资格证书或其他许可证等。

(2)行政处分

行政处分是指国家机关、企事业单位对所属的国家工作人员违法失职行为尚不构成犯罪，依据法律、法规所规定的权限而给予的一种惩戒。行政处分种类有：警告、记过、记大过、降级、撤职、开除。如《建设工程质量管理条例》规定：国家机关工作人员在建设工程质量监督管理工作中玩忽职守、滥用职权、徇私舞弊，构成犯罪的，依法追究刑事责任；尚不构成犯罪的，依法给予行政处分。

3. 建设工程刑事责任

刑事责任是指犯罪主体因违反刑法，实施了犯罪行为所应承担的法律责任。刑事责任是法律责任中最强烈的一种，其承担方式主要是刑罚，也包括一些非刑罚的处罚方法。

《刑法》规定，刑罚分为主刑和附加刑。主刑包括：管制、拘役、有期徒刑、无期徒刑、死刑。附加刑包括：罚金、剥夺政治权利、没收财产。

在建设工程领域，常见的刑事法律责任如下。

(1)工程重大安全事故罪

《刑法》规定，建设单位、设计单位、施工单位、工程监理单位违反国家规定，降低工程质量标准，造成重大安全事故的，对直接责任人员处5年以下有期徒刑或者拘役，并处罚金；造成后果严重的，处5年以上10年以下有期徒刑，并处罚金。

(2)重大责任事故罪

《刑法修正案(六)》规定，在生产、作业中违反有关安全管理的规定，因而发生重大伤亡事故或者造成其他严重后果的，处3年以下有期徒刑或者拘役；情节特别恶劣的，处3年以上7年以下有期徒刑。强令他人违章冒险作业，因而发生重大伤亡事故或者造成其他严重后果的，处5年以下有期徒刑或者拘役；情节特别恶劣的，处5年以上有期徒刑。

(3)重大劳动安全事故罪

《刑法修正案(六)》规定，安全生产设施或者安全生产条件不符合国家规定，因而发生重大伤亡事故或者造成其他严重后果的，对直接负责的主管人员和其他直接责任人员，处3年以下有期徒刑或者拘役；情节特别恶劣的，处3年以上7年以下有期徒刑。

(4)串通投标罪

《刑法》规定，投标人相互串通投标报价，损害招标人或者其他投标人利益，情节严重的，处3年以下有期徒刑或者拘役，并处或者单处罚金。投标人与招标人串通投标，损害国家、集体、公民的合法利益的，依照以上规定处罚。

单元小结

本单元主要介绍了建设法规的概念和体系，以及建设工程基本法律制度。这一部分是基础，要求学生掌握我国建设法规体系的构成。建设工程基本法律制度包括法人制度、代理制度、债权制度、担保制度、法律责任制度等，这是本单元的重点内容。

单元练习

单项选择题

1. 以下关于法律法规效力的说法中，不正确的是（　　）。

   A. 法律的效力一定大于行政法规

   B. 地方法规效力一定大于地方政府制定的规章

   C. 一般情况下，同一事项的特别法，要优先于一般法

   D. 法律的效力一定大于地方法规的效力

2. 甲施工企业委托乙为其购买强度等级为 32.5MPa 的水泥，乙没有买到该强度等级的水泥，但是根据自己的判断购买了强度等级为 42.5MPa 的水泥。关于这一行为后果的说法，正确的是（　　）。

   A. 甲应当买下水泥

   B. 甲有权拒绝收下水泥，并索回预付给乙的水泥款项

   C. 甲与乙共同拥有水泥的所有权

   D. 甲与乙共同分摊购买水泥的费用

3. 《安全生产许可证条例》的直接上位法立法依据是（　　）。

   A. 安全生产法　　　　　　　　　　B. 宪法

   C. 建筑法　　　　　　　　　　　　D. 建设工程安全生产管理条例

4. 下列组织中，具有法人资格的组织是（　　）。

   A. 项目监理部　　　　　　　　　　B. 项目经理部

   C. 勘察设计单位　　　　　　　　　D. 投标联合体

5. 项目经理强令作业人员违章冒险作业，因而发生重大伤亡事故或者造成其他严重后果

的，其行为构成( )。

A. 重大劳动安全事故罪　　　　　　　B. 重大责任事故罪
C. 工程重大安全事故罪　　　　　　　D. 危害公共安全罪

6. 施工企业购买材料设备后交付承运人运输，未按约定给付承运费用时，承运人有权扣留足以清偿其所欠运费的货物，承运人行使的是( )。

A. 抵押权　　　　B. 质权　　　　C. 留置权　　　　D. 所有权

7. 下列规范性文件中，效力最高的是( )。

A. 行政法规　　　B. 司法解释　　　C. 地方性法规　　　D. 部门规章

8. 甲乙双方签订买卖合同，丙为乙的债务提供保证，但担保合同未约定担保方式及保证期间。关于该保证合同的说法，正确的有( )。

A. 丙的保证方式为一般保证

B. 保证期间为主债务履行期届满之日起6个月内

C. 甲在保证期内未经丙书面同意将主债权转让给丁，丙不再承担保证责任

D. 甲在保证期间未要求丙承担保证责任，则丙免除保证责任

9. 某施工企业进行爆破施工时，不慎将临近一住宅墙体震裂，该施工企业与住宅居民因( )产生了债权债务关系。

A. 合同　　　　B. 侵权行为　　　C. 不当得利　　　D. 无因管理

10. 施工企业以自有的房产做抵押，向银行借款100万元，后来施工企业无力还贷，经诉讼后其抵押房产被拍卖，拍得的价款为150万元，贷款的利息及违约金为20万元，实现抵押权的费用为10万元，则拍卖后应返还施工企业的款项为( )万元。

A. 10　　　　B. 20　　　　C. 30　　　　D. 50

单元二

建设工程许可法律制度

学习目标

【知识目标】
1. 了解专业技术人员执业资格制度。
2. 熟悉工程建设从业单位的资质等级划分。
3. 掌握建设工程施工许可的申领条件和有效期与延期。

【能力目标】
1. 能够按照法规要求准备施工许可证相关资料。
2. 能够按照法规要求办理施工许可证的延期。
3. 能够准备企业资质相关资料，遵守职业资格标准。

思维导图

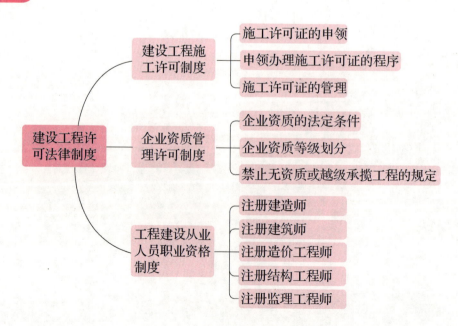

第一节　建设工程施工许可制度

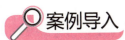
案例导入

建筑许可的形式

可分段办理施工许可证！佛山简化施工制度

为进一步深化佛山工程建设项目行政审批制度改革，优化营商环境，2022年8月16日，佛山市住建局已对《佛山市分阶段办理施工许可证改革工作方案(试行)》(以下简称《方案》)进行重新修订，借此全面推动房屋建筑工程项目实现快开工、快建设、快达效。

据了解，2021年9月，佛山市工程建设项目审批制度改革工作领导小组办公室印发《方案》，推行分阶段办理施工许可证改革工作，通过改革采取设计一项、建设一项方式，极大缩减了整体设计和相关审批手续办理的时间，大幅提升了项目开工建设速度。

《方案》试行10个月以来，列入改革推进计划中的项目进度全面提速，未发生任何工程建设质量安全方面的问题，分阶段办理施工许可证改革取得明显成效。

为及时总结上述经验并扩大范围推行实施，日前市住建局对《方案》进行了重新修订。修订完成后的《方案》将实施范围扩大为所有新建房屋建筑工程项目。所有佛山市范围内实施的新建房屋建筑工程均可分阶段办理施工许可证，根据施工工序进度，将工程项目分为5个阶段、5种情形，建设单位确定施工总承包单位后，可根据工程项目实际情况自主选择分阶段申请办理施工许可证。

此外，根据新印发的《佛山市住房和城乡建设局建筑行业诚信管理办法》，对企业诚信分A、B、C、D、E五个等级，分别对应为优秀、良好、合格、基本合格、不合格。为保障工程项目的质量安全，同时加强行业监管，现《方案》规定将实施主体明确为：实施分阶段办理施工许可的项目，同一工程项目各阶段的施工总承包单位须为同一单位，总承包单位和监理单位均须为诚信B级以上企业。

施工许可制度，是指由国家授权有关建设行政主管部门，在建筑工程施工前，依建设单位申请，对该项工程是否符合法定的开工条件进行审查，对符合条件的工程发给施工许可证，允许建设单位开工建设的制度。

《建筑法》规定："建筑工程开工前，建设单位应当按照国家有关规定向工程所在地县级以上人民政府建设行政主管部门申请领取施工许可证。"这个规定明确了我国工程建设的施工许可制度。

一、施工许可证的申领

1. 施工许可证的申领时间

在建设工程开工前，建设单位必须向建设行政主管部门或其授权的部门申请领取建筑工程施工许可证，未领施工许可证的不得开工。开工日期是指建设项目或单项工程设计文件中规定的永久性工程计划开始施工的时间，以永久性工程正式破土开槽开始施工的时间为准。

2. 施工许可证的申领条件

《建筑法》规定，申请领取施工许可证，应当具备下列条件。

①已办理该建筑工程用地批准手续。

②在城乡规划区的建筑工程，已依法办理规划许可证。

③需要拆迁的，其拆迁进度符合施工要求。

④已经确定建筑施工企业。

⑤有满足施工需要的施工图纸及技术资料。

⑥有保证工程质量和安全的具体措施。

⑦按照规定应当委托监理的工程已委托监理。

⑧建设资金已经落实。

⑨法律、行政法规规定的其他条件。

3. 不需要申请施工许可证的工程类型

在我国有以下六类工程在开工前不需要办理施工许可证。

①国务院建设行政主管部门确定的限额以下的小型工程。根据《建筑工程施工许可管理办法》规定："工程投资额在30万元以下或者建筑面积在300平方米以下的建筑工程，可以不申请办理施工许可证。"

②作为文物保护的建筑工程。

③抢险救灾工程。

④临时性建筑工程。

⑤军用房屋建筑。由于此类工程涉及军事秘密，不宜过多公开信息，《建筑法》规定："军用房屋建筑工程建筑活动的具体管理办法，由国务院、中央军事委员会依据本法制定。"

⑥按照国务院规定的权限和程序批准开工报告的建筑工程。《建筑工程施工许可管理办法》第2条规定："按照国务院规定的权限和程序批准开工报告的建筑工程，不再领取施工许可证。"

二、申请办理施工许可证的程序

根据《建筑法》和《建筑工程施工许可管理办法》的规定，建设单位在提出申请办理施工许可证时，应当按照下列程序进行。

①建设单位向发证机关领取"建筑工程施工许可证申请表"。

②建设单位持加盖单位及法定代表人印鉴的"建筑工程施工许可证申请表"，并附该办法第4条规定的证明文件，向发证机关提出申请。

③发证机关在收到建设单位报送的"建筑工程施工许可证申请表"和所附证明文件后，对于符合条件的，应当自收到申请之日起15日内颁发施工许可证；对于证明文件不齐全或者失效的，应当限期要求建设单位补正，审批时间可以自证明文件补正齐全后相应顺延；对于不符合条件的，应当自收到申请之日起15日内书面通知建设单位，并说明理由。

三、施工许可证的管理

1. 施工许可证废止的条件

《建筑法》规定："建设单位应当自领取施工许可证之日起3个月内开工。因故不能按期开工的，应当向发证机关申请延期；延期以两次为限制，每次不超过3个月。既不开工又不申请延期或者超过延期时限的，施工许可证自行废止。"

2. 重新核验施工许可证的条件

在建的建筑工程因故中止施工的，建设单位应当自中止之日起一个月内，向发证机关报告，并按照规定做好建筑工程的维护管理工作。

建筑工程恢复施工时，应当向发证机关报告；中止施工满一年的工程恢复施工前，建设单位应当报发证机关核验施工许可证。

3. 重新办理开工报告的条件

按照国务院规定办理开工报告的工程是施工许可制度的特殊情况。对于这类工程的管理，《建筑法》规定："按照国务院有关规定批准开工报告的建筑工程，因故不能按期开工或者中止施工的，应当及时向批准机关报告情况。因故不能按期开工超过六个月的，应当重新办理开工报告的批准手续。"

第二节　企业资质管理许可制度

广东全面试点建设工程企业资质管理制度改革

自 2021 年 1 月 1 日起，广东省被住房和城乡建设部列为建设工程企业资质审批权限下放全国第一批试点地区，全面试点建设工程企业资质管理制度改革。

据了解，此次试点下放审批权限的资质共 168 项，其中工程勘察 6 项、工程设计 141 项、建筑业 13 项和工程监理 8 项。资质等级涉及勘察专业甲级、设计行业专业专项甲级和事务所资质、施工总承包和专业承包一级、监理专业甲级资质。本次试点将惠及我省勘察、设计、施工、监理企业共 5 万多家。

在试点期间，广东以此为契机大力培育本土龙头企业。广东省住房和城乡建设厅为广州市建筑集团有限公司等龙头企业和品牌企业申请施工总承包特级资质提供政策辅导和技术咨询，鼓励推动满足条件的设计、施工企业申报设计、施工资质，培育具有设计和施工高等级资质的综合性建筑业企业；指导广东省建筑设计研究院有限公司等 3 家设计甲级资质企业成功申报施工总承包一级资质。

同时，引入优质建筑业企业。引进央企入粤，推动形成一批实力较强、工程管理水平较高、在全国有竞争力和影响力的建筑业企业和企业集团，进一步提升广东建筑业企业管理质量和效能。在近 3 年引进 25 家央企 33 项施工总承包(专业承包)一级企业的基础上，试点期间又引进 11 家央企 15 项总承包(专业承包)一级企业进入广东建筑市场，进一步巩固广东省建筑业支柱地位，助力加快建设建筑强省。

案例分析： 开展建设工程企业资质审批权限下放试点，是住房和城乡建设部全面贯彻落实党中央、国务院"放管服"改革、大力简政放权决策部署的有力举措，广东省列为第一批试点，是住房和城乡建设部给予广东住房和城乡建设领域"放管服"改革、建筑业发展和行政许可工作的政策机遇，更是对广东经济社会发展的大力支持。

建设工程企业资质管理制度改革给企业带来的便利很多，比如省市区各级资质审批部门对企业反馈的在资质审批方面的难点和痛点反应迅速，能够及时出台有针对性的优化措施，帮助企业解决迫切需要解决的问题。另外，企业与资质审批部门之间的沟通更加方便快捷，企业资质申报审批效率显著提高。

在我国，对从事建筑活动的建设工程企业——建筑施工企业、勘察单位、设计单位和工程监理单位，实行资质等级许可制度。《建筑法》规定，从事建筑活动的建筑施工企业、勘察单位、设计单位和工程监理单位应当具备相应条件。

《建筑法》对违反资质许可制度的行为作出了禁止建筑施工企业超越本企业资质等级许可的业务范围承揽工程；禁止以任何形式用其他建筑施工企业的名义承揽工程以及禁止建筑施工企业以任何形式允许其他单位或者个人使用本企业的资质证书、营业执照，以本企业名义承揽工程的规定。

新设立的企业应到工商行政管理部门登记注册并取得法人营业执照后，方可到建设行政主管部门办理资质申请手续，并由建设行政主管部门审查，颁发资格证书。任何单位和个人不得涂改、伪造、出借、转让企业资质证书，不得非法扣押、没收资质证书。

一、企业资质的法定条件

工程建设活动不同于一般的经济活动，其从业单位所具备条件的高低直接影响到建设工程质量和安全生产。因此，从事工程建设活动的单位必须符合相应的资质条件。

为规范建筑市场秩序，加强建筑活动监管，保证建设工程质量安全，促进建筑业科学发展，根据2015年建筑业企业资质新标准，具有法人资格的企业申请建筑业企业资质应具备下列基本条件。

①具有满足标准要求的资产。

②有满足资质标准要求的注册建造师及其他注册人员、工程技术人员、施工现场管理人员和技术工人。

③具有满足资质标准要求的工程业绩。

④具有必要的技术装备。

二、企业资质等级划分

1. 建设工程勘察设计单位从业资质

根据《建设工程勘察设计资质管理规定》的规定，凡从事工程勘察、工程设计活动的单位，必须取得资质证书，方可在资质许可的范围内开展工程勘察或工程设计业务。

（1）工程勘察资质

工程勘察资质可分为工程勘察综合资质、专业资质和劳务资质三种。工程勘察综合资质只设甲级；工程勘察专业资质设甲级、乙级，部分专业可设丙级；工程勘察劳务资质不分等级。

（2）工程设计资质

工程设计资质可分为工程设计综合资质、工程设计行业资质、工程设计专业资质和工程设计专项资质四种。工程设计综合资质只设甲级；工程设计行业资质、工程设计专业资质、工程设计专项资质均设甲级和乙级。根据工程性质和技术特点，个别工程设计行业、专业、专项资质可以设丙级，建筑工程设计专业资质可以设丁级。

国务院建设主管部门对工程勘察、设计资质实施统一的监督管理。对不符合相应资质条件或违反规定的，可采取撤销资质或处分等措施。建设工程勘察、设计合同主体应具有相应资质。

2. 工程监理企业从业资质

根据《工程监理企业资质管理规定》，工程监理企业资质分为综合资质、专业资质和事务所资质。综合资质和事务所资质不分级别。综合资质可以承担所有专业工程类别建设工程项目的工程监理业务。专业资质分为甲级和乙级，其中房屋建筑、水利水电、公路和市政公用专业资质可设立丙级。

3. 施工企业从业资质

（1）施工企业的资质序列

《建筑业企业资质管理规定》规定，建筑业企业资质分为施工总承包资质、专业承包资质、施工劳务资质三个序列。

①取得施工总承包资质的企业（简称施工总承包企业），可以承接施工总承包工程。施工总承包企业可以对所承接的施工总承包工程内各专业工程全部自行施工，也可将专业工程或劳务作业依法分包给具有相应资质的专业承包企业或劳务分包企业。

②取得专业承包资质的企业（简称专业承包企业），可以承接施工总承包企业分包的专业工程和建设单位依法发包的专业工程。专业承包企业可以对所承接的专业工程全部自行施工，也可以将劳务作业依法分包给具有相应资质的劳务分包企业。

③取得劳务分包资质的企业（简称劳务分包企业），可以承接施工总承包企业或专业承

企业分包的劳务作业。

（2）施工企业的资质类别和等级

施工企业的资质包括施工总承包资质、专业承包资质和施工劳务资质。施工总承包资质、专业承包资质按照工程性质和技术特点分别划分为若干资质类别，各资质类别按照规定的条件划分为若干资质等级。施工劳务资质不分类别与等级。按照《建筑业企业资质标准》的规定，施工总承包资质序列设有12个类别，分别是：建筑工程施工总承包、公路工程施工总承包、铁路工程施工总承包、港口与航道工程施工总承包、水利水电工程施工总承包、电力工程施工总承包、矿山工程施工总承包、冶金工程施工总承包、石油化工工程施工总承包、市政公用工程施工总承包、通信工程施工总承包和机电工程施工总承包。施工总承包资质一般分为4个等级，即特级、一级、二级和三级。

三、禁止无资质或越级承揽工程的规定

施工单位的资质等级，是施工单位人员素质、资金数量、技术装备、管理水平、工程业绩等综合能力的体现，反映了该施工单位从事某项施工活动的资格和能力，是国家对建设市场准入管理的重要手段。为此，我国的法律规定施工单位除应具备企业法人营业执照外，还应取得相应的资质证书，并严格在其资质等级许可的经营范围内从事施工活动。

1. 禁止无资质承揽工程

《建筑法》规定："承包建筑工程的单位应当持有依法取得的资质证书，并在其资质等级许可的业务范围内承揽工程。"

无资质承包主体签订的专业分包合同或者劳务分包合同都是无效合同。但是，当作为无资质的"实际施工人"的利益受到侵害时，其可以向合同相对方（即转包方或违法分包方）主张权利，甚至可以向建设工程项目的发包方主张权利。

2. 禁止越级承揽工程

《建筑法》和《建设工程质量管理条例》均规定，禁止施工单位超越本单位资质等级许可的业务范围承揽工程。

（1）联合共同承包的有关法律规定

《建筑法》规定："两个以上不同资质等级的单位实行联合共同承包的，应当按照资质等级低的单位的业务许可范围承揽工程。"

联合共同承包是国际工程承包的一种通行做法，一般适用于大型或技术复杂的建设工程项目。采用联合承包的方式，可以优势互补，增加中标机会，并可降低承包风险。但是，施

工单位应当在资质等级范围内承包工程,这同样适用于联合共同承包。就是说,联合承包各方都必须具有与其承包工程相符合的资质条件,不能超越资质等级去联合承包。如果几个联合承包方的资质等级不一样,则须以低资质等级的承包方为联合承包方的业务许可范围。这样的规定,可以有效地避免在实践中以联合承包为借口进行"资质挂靠"的不规范行为。

(2)分包工程的有关法律规定

《建筑法》规定:"禁止总承包单位将工程分包给不具备相应资质条件的单位。"

《房屋建筑和市政基础设施工程施工分包管理办法》进一步规定,分包工程承包人必须具有相应的资质,并在其资质等级许可的范围内承揽业务。

第三节　工程建设从业人员执业资格制度

案例导入

宋某应接受怎样的法律制裁

A市建筑行政主管部门收到甲建筑公司举报,称其正在进行施工的建筑施工图纸存在严重问题,希望对该图纸的设计单位进行查处。经调查后发现,该工程施工图纸是由宋某组织无证设计人员以乙建筑设计院的名义设计出图的。据此,建设行政主管部门立即责令停止建筑活动,并对宋某作出了处以5万元罚款的行政处罚。

案例分析:宋某以乙建筑设计院的名义设计出图属于违法行为;《建设工程勘察设计资质管理规定》规定,未经注册的人员,不得以注册执业人员的名义从事建设工程勘察、设计活动。未受聘于建设工程勘察、设计单位的,不得从事建设工程的勘察、设计活动。

在本案中,乙建筑设计院也存在违法行为;《建设工程勘察设计资质管理规定》规定,不得将资质出借或转让给他人从事与资质相符的建设活动。

《招标投标法》规定,发包单位不得将工程发包给资质不符或无资质单位。本案中,开发单位在未验明设计单位资质的情况下,将工程设计发包给无证人员宋某导致工程出现质量问题。因此,建设行政主管部门依法对该工程的开发单位做出了"责令改正,并处5万元罚款"等的行政处罚。

第三节　工程建设从业人员执业资格制度

执业资格制度是指对具有一定专业学历和资历并从事特定专业技术活动的专业技术人员，通过考试和注册确定其执业的技术资格，获得相应文件签字权的一种制度。

《建筑法》规定：从事建筑活动的专业技术人员，应当依法取得相应的执业资格证书，并在执业资格证书许可的范围内从事建筑活动。从事建筑工程活动的人员要通过国家任职考试、考核，由建设行政主管部门注册并颁发资格证书。

在我国，对建筑业专业技术人员实行执业资格制度。我国目前在建筑业实行执业资格制度的专业技术人员包括注册建筑师、注册结构工程师、注册监理工程师、注册造价工程师、注册咨询工程师、注册建造师等。

一、注册建造师

根据《注册建造师管理规定》中的规定：注册建造师是指通过考核认定或考试合格取得中华人民共和国建造师资格证书（以下简称资格证书），并按照本规定注册，取得中华人民共和国建造师注册证书（以下简称注册证书），担任施工单位项目负责人、项目技术负责人及从事相关活动的专业技术人员。

未取得注册证书的，不得担任建设工程项目的施工单位技术负责人、项目负责人和项目技术负责人，不得以注册建造师的名义从事相关活动。

1. 考试管理

注册建造师考试实行全国统一考试科目、统一大纲、统一命题、统一组织的办法，原则上每年举行一次。

2. 注册管理

注册建造师实行注册执业管理制度，注册建造师分为一级注册建造师和二级注册建造师。取得资格证书的人员，经过注册方能以注册建造师的名义执业。

取得一级建造师资格证书并受聘于一个从事工程建设单位的人员，应当通过聘用单位向国务院住房和城乡建设主管部门提出注册申请；也可以向聘用单位工商注册所在地的省、自治区、直辖市人民政府住房和城乡建设主管部门提交申请材料。

省、自治区、直辖市人民政府住房和城乡建设主管部门收到申请材料后，应当在5日内将全部申请材料报国务院住房和城乡建设主管部门审批。

涉及铁路、公路、港口与航道、水利水电、通信与广电、民航专业的，国务院住房和城乡建设主管部门应当会同同级有关部门审核。符合条件的，由国务院住房和城乡建设主管部门核发中华人民共和国一级建造师注册证书。

取得二级建造师资格证书的人员申请注册，由省、自治区、直辖市人民政府住房和城乡建设主管部门负责受理和审批，具体审批程序由省、自治区、直辖市人民政府住房和城乡建设主管部门依法确定。对批准注册的，核发由国务院住房和城乡建设主管部门统一样式的中华人民共和国二级建造师注册证书，并在核发证书后30日内送国务院住房和城乡建设主管部门备案。

注册证书是注册建造师的执业凭证，由注册建造师本人保管、使用。注册证书有效期为5年。申请人与聘用企业签订聘用合同不足5年的，以聘用合同截止日为有效期截止日。

根据《注册建造师管理规定》中的规定，申请人有下列情形之一的，不予注册。

①不具有完全民事行为能力的。

②受聘于两个或者两个以上单位的。

③未达到注册建造师继续教育要求的。

④受到刑事处罚，刑事处罚尚未执行完毕的。

⑤因执业活动受到刑事处罚，自刑事处罚执行完毕之日起至申请注册之日止不满5年的。

⑥因前项规定以外的原因受到刑事处罚，自刑事处罚执行完毕之日起至申请注册之日止不满3年的。

⑦被吊销注册证书，自处罚决定之日起至申请注册之日止不满2年的。

⑧在申请注册之日前3年内担任项目负责人、项目技术负责人期间，所负责项目发生过较大以上质量和安全事故的。

⑨行政许可机关依法做出决定前年龄超过65周岁的。

⑩法律、法规规定不予注册的其他情形。

3. 注册建造师执业

注册建造师执业应具备以下条件。

①注册建造师应当在其注册证书所注明的专业范围内从事建设工程施工管理活动。

②工程施工项目负责人和技术负责人必须由本专业注册建造师担任。一级注册建造师可担任大、中、小型工程施工项目负责人，二级注册建造师可以承担中、小型工程施工项目负责人。其中，大、中型工程施工项目负责人和技术负责人不得由一名建造师兼任。

③一级注册建造师可在全国范围内以一级注册建造师名义执业。

④通过二级建造师资格考核认定，或参加全国统考取得二级建造师资格证书并经注册人员，可在全国范围内以二级注册建造师名义执业。

⑤担任施工项目负责人的注册建造师应当按照国家法律法规、工程建设强制性标准组织施工，保证工程施工符合国家有关质量、安全、环保、节能等有关规定。注册建造师不得同时担任两个及以上建设工程施工项目负责人和项目技术负责人。

⑥担任建设工程施工项目负责人和项目技术负责人的注册建造师应当在工程项目相关技术、质量、安全、管理等文件上签字，并承担相应责任。其中担任施工项目负责人的注册建造师应当对工程质量终身负责。

⑦注册建造师有权拒绝在不合格或者有弄虚作假内容的建设工程施工管理文件上签字。

4. 注册建造师的继续教育管理

住房和城乡建设部《注册建造师继续教育管理暂行办法》中规定：各省级住房和城乡建设主管部门组织注册建造师参加继续教育。住房和城乡建设部统一管理全国注册建造师的继续教育工作，组织制定一级注册建造师的继续教育规划。注册建造师应当按照注册建造师继续教育规划，参加培训机构或企业自行组织的继续教育培训。

注册建造师在每一个注册有效期内应当达到继续教育要求。注册建造师应通过继续教育，掌握工程建设有关法律法规、标准规范，增强职业道德和诚信守法意识，熟悉工程建设项目管理新方法、新技术，总结工作中的经验教训，不断提高综合素质和执业能力。注册建造师按规定参加继续教育，是申请初始注册、延续注册、增项注册和重新注册的必要条件。

二、注册建筑师

注册建筑师是指依法取得注册建筑师证书并从事房屋建筑设计及相关业务的人员。我国注册建筑师分为两级，即一级注册建筑师和二级注册建筑师。

1. 注册建筑师的考试

（1）考试的级别、时间和方式

注册建筑师考试分为一级注册建筑师和二级注册建筑师考试两级。两种考试在标准、内容、参加考试的条件等方面均有所不同。

注册建筑师考试一般每年举行一次，实行全国统一考试制度。由全国注册建筑师管理委员会统一组织、统一命题，在同一时间内在全国同时进行。

（2）考试的条件

申请参加注册建筑师考试者，必须符合国家规定的教育标准和职业实践要求。

2. 注册建筑师的注册

申请注册建筑师初始注册应当具备下列条件。

①依法取得执业资格证书或者互认资格证书。

②只受聘于中华人民共和国境内的一个建设工程勘察、设计、施工、监理、招标代理、造价咨询、施工图审查、城乡规划编制等单位。

③近3年内在中华人民共和国境内从事建筑设计及相关业务一年以上。

④达到继续教育要求。

注册建筑师每一注册有效期为两年，注册建筑师注册有效期满继续执业的，应在注册有效期届满30日前，按规定程序申请延续注册，延续注册有效期为两年。

3. 注册建筑师的执业

（1）注册建筑师的执业范围

注册建筑师的执业范围包括建筑设计、建筑设计技术咨询、建筑物调查与鉴定、对本人主持设计的项目进行施工指导和监督，以及国务院建设行政主管部门规定的其他业务。

（2）执业的机构、业务的承担及收费

注册建筑师执业业务，应当加入建筑设计单位。注册建筑师执业业务应由设计单位统一接受委托并指派。注册建筑师不得私自承接业务。注册建筑师执行业务应当由设计单位统一收费，注册建筑师不得私自收费。

（3）注册建筑师的权利与义务

注册建筑师具有专有名称权，设计文件签字权和独立设计权。作为注册建筑师必须遵守法律、法规和执业道德，维护社会公共利益；保证建筑设计的质量，并在其负责的设计图纸上签字；保守在执业中知悉的单位和个人的秘密；不得同时受聘于两个以上建筑设计单位执行业务；不能准许他人以本人名义执行业务。

（4）注册建筑师的责任

因设计质量造成的经济损失，首先由设计单位承担赔偿责任，再由设计单位对签字的注册建筑师根据其责任大小进行追偿。

三、注册结构工程师

注册结构工程师是指取得中华人民共和国注册结构工程师执业资格证书和注册证书从事房屋结构、桥梁结构及搭架结构等工程设计及相关业务的专业技术人员。注册结构工程师分为一级结构工程师和二级结构工程师。

1. 注册结构工程师考试

注册结构工程师实行全国统一大纲、统一命题、统一组织的考试制度，原则上每年举行一次。

2. 注册结构工程师注册

对准予注册的申请人，分别由全国注册结构工程师管理委员会和省、自治区、直辖市注册结构工程师管理委员会核发注册结构工程师证书。

3. 注册结构工程师的执业

（1）注册结构工程师的执业范围

注册结构工程师的执业范围包括结构工程设计，结构工程设计技术咨询，建筑物、构筑物、工程设施等调查和鉴定，对本人主持设计的项目进行施工指导和监督，住房和城乡建设部、国务院有关部门规定的其他业务。

（2）执业的机构、业务的承担及收费

注册结构工程师执行任务，应当加入一个勘察设计单位，由勘察设计单位统一接受业务并统一收费。

（3）注册结构工程师的权利和义务

注册机构工程师具有名称专有权、结构工程设计主持权和独立设计权。注册结构工程师需遵守法律、法规和执业道德，维护社会公众利益；保证工程设计的质量，并在其负责的设计图纸上签字盖章；保守在职业中知悉的单位和个人的秘密；不得同时受聘于两个以上勘察设计单位执行业务；不得准许他人以本人名义执行业务；并且要求按照规定接受必要的继续教育，定期进行业务和法规培训。

（4）注册结构工程师的责任

因结构设计质量造成的经济损失，由勘察设计单位承担赔偿责任；勘察设计单位有权向签字的注册结构工程师追偿。

四、注册监理工程师

监理工程师系岗位职务，是指经全国统一考试合格并经注册取得《监理工程师岗位证书》的工程建设监理人员。经全国统一考试合格只是成为监理工程师的一个前提条件；同时，还应在建设监理岗位上工作，才能申请注册；经过注册，取得《监理工程师岗位证书》，方可成为监理工程师。不从事监理工作，就不再具有监理工程师岗位职务。

监理工程师按专业设置岗位，一般设置建筑、土建结构、工程测量、工程地质、给水排水、采暖通风、电气、通信、城市燃气、工程机械及设备安装、焊接工艺、建筑经济等岗位。目前，我国还没有设计监理工程师，国际上很多发达国家已设立了设计监理工程师。

监理工程师一经政府注册确认，即意味着具有相应于岗位责任的签字权，监理单位任命的工程项目总监理工程师具有对外签字权。

1. 监理工程师资格考试

监理工程师执业资格考试实行全国统一大纲、统一命题、统一组织的办法，每年举行一次。

2. 监理工程师注册

注册监理工程师实行注册执业管理制度。取得资格证书的人员，经过注册方能以注册监理工程师的名义执业。注册监理工程师依据其所学专业、工作经历、工程业绩，按照《工程监理企业资质管理规定》划分的工程类别，按专业注册。每人最多可以申请两个专业注册。取得资格证书的人员申请注册，由省、自治区、直辖市人民政府建设主管部门初审，国务院建设主管部门审批。

初始注册者，可自资格证书签发之日起 3 年内提出申请。逾期未申请者，须符合继续教育的要求后方可申请初始注册。

注册监理工程师每一注册有效期为 3 年，注册有效期满继续执业的，应当在注册有效期满 30 日前，按《注册监理工程师管理规定》的程序申请延续注册。

3. 注册监理工程师执业

取得资格证书的人员，应当受聘于一个具有建设工程勘察、设计、施工、监理、招标代理、造价咨询等一项或者多项资质的单位，经注册后方可从事相应的执业活动。从事工程监理执业活动的，应当受聘并注册于一个具有工程监理资质的单位。工程监理活动中形成的监理文件由注册监理工程师按照规定签字盖章后方可生效。

4. 注册监理工程师继续教育

注册监理工程师在每一个注册有效期内应当达到国务院建设主管部门规定的继续教育要求。继续教育作为注册监理工程师逾期初始注册、延续注册和重新申请注册条件之一。

五、注册造价工程师

造价工程师是指经全国统一考试合格，取得造价工程师执业资格证书，并经注册从事工程建设造价业务活动的专业技术人员。

凡从事工程建设活动的建设、设计、施工、工程造价咨询、工程造价管理等单位和部门，必须在计价、评估、审查（核）、控制及管理等岗位配备有造价工程师执业资格的专业技术人员。

1. 造价工程师的考试

造价工程师执业资格考试实行全国统一大纲、统一命题、统一组织的办法。原则上每年举行一次。

2. 造价工程师的注册

①注册管理机关。住房和城乡建设部及各省、自治区、直辖市建设行政主管部门和国务院有关部门为造价工程师的注册管理机构。

②注册的条件。申请注册的人员必须同时具备下列条件：遵纪守法，恪守造价工程师职业道德；取得造价工程师执业资格证书；身体健康，能坚持在造价工程师岗位工作；所在单位考核同意。再次注册者，应经单位考核合格并有继续教育、参加业务培训的证明。

③注册程序。考试合格人员在取得证书3个月内到当地省级或部级造价工程师注册管理机构办理注册登记手续。注册机关经审查符合注册条件的，批准注册，由其单位所在省、自治区、直辖市或国务院有关部门造价工程师注册管理机构核发住房和城乡建设部印制的造价工程师注册证，并在执业资格证书的注册登记栏内加盖注册专用章。各注册管理机构应将注册汇总名单报建设部备案。

④注册有效期。造价工程师注册有效期为两年，有效期满前两个月，持证者应到原注册机构重新办理注册手续。对不符合注册条件的，不予重新注册。

3. 造价工程师的权利与义务

造价工程师有独立依法执行造价工程师岗位业务并参与工程项目经济管理的权利。造价工程师有在所经办的工程造价成果文件上签字的权利；凡经造价工程师签字的工程造价文件需修改时应经本人同意。造价工程师有使用造价工程师名称的权利。造价工程师有依法申请开办工程造价咨询单位的权利。造价工程师对违反国家有关法律发挥的意见和决定有权提出劝告、拒绝执行并有向上级或有关部门报告的权利。

造价工程师必须熟悉并严格执行国家有关工程造价的法律法规和规定，恪守执业道德和行为规范，遵纪守法，秉公办事。对经办的工程造价文件质量负有经济和法律的责任。并且造价工程师应及时掌握国内外新技术、新材料、新工艺的发展应用，为工程造价管理部门制定修订工程定额提供依据。同时也应自觉接受继续教育，更新知识，积极参加职业培训，不断提高业务技术水平，并严格保守职业中得知的技术和经济秘密。

单元小结

建设工程许可是指建设行政主管部门根据建设单位和从事建筑活动的单位、个人的申请，依法准许建设单位开工或确认单位、个人具备从事建筑活动资格的行政行为。需要指出的是，申请是许可的必要条件，也就是说没有申请，就没有许可。

申请领取施工许可证制度必须满足建设用地管理、城乡规划管理，施工场地、施工单位和监理单位落实，施工技术文件，质量安全措施，建设资金落实等方面条件。

建筑工程企业资质等级许可制度：建筑施工、勘察、设计和工程监理单位划分为不同资质序列、类别和等级，并按其资质等级许可范围从事建筑活动。

建筑业专业人员执业资格制度：我国主要的建筑业专业技术人员执业资格需参加统一考试、注册、接受继续教育，均有各自的执业范围。

单元练习

一、单项选择题

1. 根据《建筑法》的规定，在建的建筑工程因故中止施工的，中止施工满一年的工程恢复施工前，（　　）应当报施工许可证发证机关核验施工许可证。

   A. 施工单位　　　　B. 建设单位　　　　C. 监理单位　　　　D. 设计单位

2. 某大学需要重建一个独立的实验室，建筑面积 280 平方米。在开工前，某大学应（　　）。

   A. 在学校住所地的县级以上建设行政主管部门申请领取施工许可证
   B. 向实验室建设的县级以上建设行政主管部门申请施工许可证
   C. 向有关部门申请开工报告即可
   D. 不需要办理施工许可证

3. 某大型体育馆工程，建设单位领取施工许可证后满一年才开工，则开工时（　　）。

   A. 建设单位应当向发证机关报告　　　　B. 应当报发证机关核验施工许可证
   C. 应当报发证机关申请延续　　　　　　D. 施工许可证已自行作废

4. 未取得（　　）的，不得担任大中型建设工程项目的施工项目负责人，不得以建造师的名义从事相关活动。

　　A. 资格证书和注册证书　　　　　　B. 资格证书和执业印章

　　C. 注册证书和执业印章　　　　　　D. 执业印章

5. 下列有关建造师执业的行为中，合乎我国有关管理规定的是（　　）。

　　A. 李某参加了建造师执业资格考试，在得知考试成绩通过后即以建造师的名义在某工程项目中担任项目经理

　　B. 王某从事项目管理工作多年，并已取得一级项目经理资质证书，经所在单位同意，以建造师的名义在当地的一个项目上担任项目经理

　　C. 陈某参加了建造师执业资格考试，没有通过，但其所在单位因急需用人，仍然聘任其为某小型工程的项目经理

　　D. 吴某参加了建造师执业资格考试，虽然没有通过，但其所在单位因急需用人，仍然以建造师的名义聘任其为某工程的项目经理

二、多项选择题

1. 按照《建筑业企业资质管理规定》，下列关于建筑业企业资质证书的说法中正确的是（　　）。

　　A. 建筑业企业资质证书的有效期和每次的有效延续期为5年

　　B. 在资质证书有效期内企业法定代表人等发生变更的，应当办理变更手续

　　C. 企业合并后存续或者新设立的建筑业企业可以承续合并前各方中较高的资质等级

　　D. 企业改制后不再符合资质标准的，应按其实际达到的资质标准申请重新核定

　　E. 建筑业企业资质证书有效期满未申请延续的，其资质证书将被吊销

2. 某工程项目由甲施工企业分包土石方工程，甲分包公司又与"包工头"乙签订任务书，约定由乙组织人员负责土石方开挖、装卸和运输，负责施工的项目管理。技术指导和现场安全，独立核算，自负盈亏。对于此案，正确的分析是（　　）。

　　A. 视同甲企业允许乙以自己的名义承揽工程

　　B. 属于内部承包的一种，不视为违法分包

　　C. 对甲企业应处以工程合同价款2%以上4%以下的罚款

　　D. 属于分包单位再分包的行为

　　E. 经建设单位许可的属于合法分包

3. 某经济适用房建设工程，建设单位需要申请施工许可证；在已有的条件中，符合申请条件要求的是（　　）。

　　A. 已经通过招标确定了施工总承包单位

33

B. 施工图纸和技术资料已经完成，正在审查中

C. 工程合同价1亿元，工期13个月，到位资金不足3 500万

D. 已经办理了用地申请

E. 拆迁工作进度满足施工要求

4.《建筑法》规定，在城市规划区内的建筑工程，建设单位申领建筑工程施工许可证的条件是(　　)。

A. 已经取得建设工程规划许可证　　B. 已经确定建筑施工企业

C. 已经签订委托监理合同　　D. 已经办理工程质量、安全监督手续

E. 已经审查通过施工图设计文件

5. 目前我国主要的建筑业专业技术人员执业资格有(　　)。

A. 注册建筑师　　B. 注册房地产经纪人

C. 注册造价师　　D. 注册资产评估师

E. 注册建造师

单元三

建设工程发承包法律制度

学习目标

【知识目标】
1. 了解工程招标投标方式及工程承包制度和分包管理制度的规定。
2. 掌握有关招标项目的范围和规模标准、招标投标活动的原则。
3. 掌握建设工程招标投标的基本程序。
4. 了解建设工程监理的基本概念。

【能力目标】
1. 能熟练判定建设工程项目是否必须招标。
2. 能够明确工程开标、投标的程序。
3. 能够熟练掌握开标、评标、定标的各项规定。
4. 能够运用法律法规规范监理行为。

单 元 三 建设工程发承包法律制度

思维导图

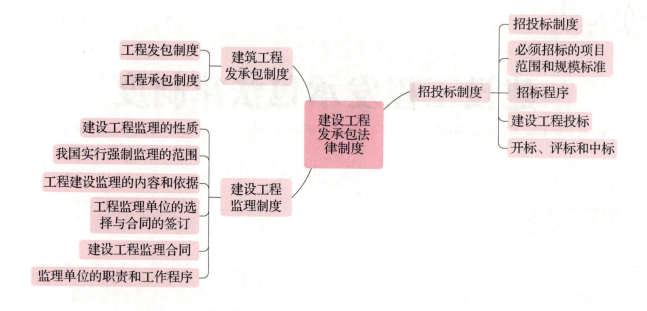

第一节 招投标制度

成都推行工程招投标全流程电子化

冗长的流程，繁琐的手续，大量的标书印制，传统招投标曾经给市场主体带来不少困扰。成都市以推动招投标活动提质增效为目标，通过强化招投标事中事后监管、建设招投标全流程电子化、规范完善招投标流程等工作举措，持续优化交易机制，创新形成"六化一体"做法，市场主体获得感不断提高，招投标行业风气得到有效改善，优化营商环境成效更加凸显。

着力降低企业负担推进交易成本轻量化，成都市不断完善"互联网+招标投标"信息系统，深化招投标全流程电子化建设，促进招标投标活动提质增效。取消投标报名，全面取消招标文件收费，每年为招标人节约购买招标文件费用上千万元。推行电子招投标，每年为市场主体节约标书编制工具使用费、标书印刷费、差旅费等各类费用约 8000 万元。推行电子保函，每年接受保函上万笔、涉及金额几十亿元，有效提高招投标活动效率，激发市场主体活力，推进交易成本轻量化。

案例分析：2022 年是我国踏上全面建设社会主义现代化国家、向第二个百年奋斗目标进军新征程的重要一年，是党的二十大召开之年。国家发展改革委会同有关招标投标行政监督部门，以习近平新时代中国特色社会主义思想为指导，全面贯彻党的十九大和十九届历次全会精神，坚持问题导向、目标导向，完善电子招标投标制度规则、技术标准和数据规范，纵深推进招标投标全流程电子化，为投资建设项目又好又快落地提供支撑和保障。深入推进招标投标全流程电子化是创新招标采购交易机制、公共服务和监督方式的重要举措，有利于提高招标投标透明度，节约资源和交易成本，提高资源配置质量效率，保障投资建设项目高效落地。

建设工程招标投标，是建设单位对拟建的建设工程项目通过法定的程序和方式吸引承包单位进行公平竞争，并从中选择条件优越者来完成建设工程任务的行为。这是在市场经济条件下常用的一种建设工程项目交易方式。

一、招投标制度

招标投标活动原则如下。

《招标投标法》规定："招标投标活动应当遵循公开、公平、公正和诚实信用的原则。国家鼓励利用信息网络进行电子招标投标。数据电文形式与纸质形式的招标投标活动具有同等法律效力。"

①公开原则。招标投标活动应当遵循公开原则，这是为了保证招标活动的广泛性、竞争性和透明性。公开原则，首先要求招标信息公开。其次，公开原则还要求招标投标过程公开。

②公平原则。要求给予所有投标人平等的机会，使其享有同等的权利、履行同等的义务。招标人不得以任何理由排斥或者歧视任何投标人。

③公正原则。要求招标人在招标投标活动中应当按照统一的标准衡量每一个投标人的优劣。

④诚实信用原则。这是我国民事活动所应当遵循的一项重要基本原则。招标投标活动作为订立合同的一种特殊方式，同样应当遵循诚实信用原则。

二、必须招标的项目范围和规模标准

1. 必须招标的项目范围

《招标投标法》规定，在中华人民共和国境内进行下列工程建设项目包括项目的勘察、设计、施工、监理，以及工程建设有关的重要设备、材料等的采购，必须进行招标。

(1) 大型基础设施、公用事业等关系社会公共利益、公众安全的项目

经国务院批准的《工程建设项目招标范围和规模标准规定》进一步规定，关系社会公共利益、公众安全的基础设施项目的范围包括以下几项。

①煤炭、石油、天然气、电力、新能源等能源项目。

②铁路、公路、管道、水运、航空及其他交通运输业等交通运输项目。

③邮政、电信枢纽、通信、信息网络等邮电通信项目。

④防洪、灌溉、排涝、引(供)水、滩涂治理、水土保持、水利枢纽等水利项目。

⑤道路、桥梁、地铁和轻轨交通、污水排放及处理、垃圾处理、地下管道、公共停车场等城市设施项目。

⑥生态环境保护项目。

⑦其他基础设施项目。

(2) 关系社会公共利益、公众安全的公用事业项目

①供水、供电、供气、供热等市政工程项目。

②科技、教育、文化等项目。

③体育、旅游等项目。

④卫生、社会福利等项目。

⑤商品住宅、包括经济适用住房。

⑥其他公用事业项目。

(3) 全部或者部分使用国有资金投资或者国家融资的项目

使用国有资金投资项目的范围包括以下几项：

①使用各级财政预算资金的项目。

②使用纳入财政管理的各种政府性专项建设资金的项目。

③使用国有企业事业单位自由资金，并且国有资产投资者实际拥有控制权的项目。

国家融资项目的范围包括以下几项：

①使用国家发行债券所筹资金的项目。

②使用国家对外借款或者担保所筹资金的项目。

③使用国家政策性贷款的项目。

④国家授权投资主体融资的项目。

(4) 使用国际组织或者外国政府贷款、援助资金的项目

①使用世界银行、亚洲开发银行等国际组织贷款资金的项目。

②使用外国政府及其机构贷款资金的项目。

③使用国际组织或者外国政府援助资金的项目。

2. 必须招标的规模标准

按照《工程建设项目招标范围和规模标准规定》，招标范围内的各类工程建设项目达到下列标准之一的，必须进行招标。

①施工单项合同估算价在人民币 200 万元以上的。

②重要设备、材料等货物的采购，单项合同估算价在人民币 100 万元以上的。

③勘察、设计、监理等服务的采购，单项合同估算价在人民币 50 万元以上的。

④单项合同估算价低于第①、②、③项规定的标准，但项目总投资额在人民币 3 000 万元以上的。

《招标投标法》规定，依法必须进行招标的项目，其招标投标活动不受地区或者部门的限制。任何单位和个人不得违法限制或者排斥本地区、本系统以外的法人或者其他组织参加投标，不得以任何方式非法干涉招标投标活动。

3. 可以不进行招标的建设工程项目

《招标投标法》规定，涉及国家安全、国家秘密、抢险救灾或者属于利用扶贫资金实行以工代赈、需要使用农民工等特殊情况，不适应进行招标的项目，按照国家有关规定可以不进行招标。

《招标投标法实施条例》还规定，有下列情形之一的，可以不进行招标。

①需要采用不可替代的专利或者专有技术。

②采购人依法能够自行建设、生产或者提供。

③已通过招标方式选定的特许经营项目投资人依法能够自行建设、生产或者提供。

④需要向原中标人采购工程、货物或者服务，否则将影响施工或者功能配套要求。

⑤国家规定的其他特殊情形。

三、招标程序

1. 招标应当具备的条件

《工程建设项目施工招标投标办法》规定，依法必须进行招标的工程建设项目，应当具备下列条件才能进行施工招标。

①招标人已经依法成立。

②初步设计及概算应当履行审批手续的，已经批准。

③招标范围、招标方式和招标组织形式等应当履行核准手续的，已经核准。

④有相应资金或者资金来源已经落实。

⑤有招标所需的设计图纸及技术资料。

2. 招标方式

根据《招标投标法》规定，招标方式分为公开招标和邀请招标。

（1）公开招标

公开招标，也称无限竞争招标，是指招标人以招标公告的方式邀请不特定的法人或者其他组织投标。根据《工程建设项目施工招标投标办法》规定，下列施工招标项目应当公开招标。

①国务院发展计划部门确定的国家重点建设项目。

②省、自治区、直辖市人民政府确定的地方重点建设项目。

③全部使用国有资金投资或者国有资金占控股或者主导地位的工程建设项目。

（2）邀请招标

邀请招标，也称有限竞争招标，是指招标人以投标邀请书的方式邀请特定的法人或者其他组织投标。采用这种招标方式，由于被邀请参加竞争的潜在投标人数量有限，且已经对投标人进行了调查了解，因此不仅可以节省招标人的招标成本，而且能提高投标人的中标概率，潜在投标人的投标积极性会较高。当然，由于邀请招标的对象被限定在特定范围内，可能使其他优秀的潜在投标人被排斥在外。

有下列情形之一的，经批准可以进行邀请招标。

①项目技术复杂或有特殊要求的，只有少量几家潜在投标人可供选择的。

②受自然地域环境限制的。

③涉及国家安全、国家秘密或者抢险救灾，适宜招标但不宜公开招标的。

④拟公开招标的费用与项目的价值相比，不值得的。

招标的对象虽然被具体化了，但为了保证邀请招标的竞争性，我国法律对邀请招标的对象有最低数量的规定。根据《招标投标法》的规定："招标人采用邀请招标方式的，应当向三个以上具备承担招标项目的能力、资信良好的特定的法人或者其他组织发出投标邀请书。"

3. 招标组织形式和招标代理

（1）招标组织形式

招标组织形式包括自行招标和委托招标。其中，自行招标是指招标人自身具有编制招标文件和组织评标的能力，依法自行办理招标；而委托招标是指招标人委托招标代理机构办理招标事宜。

(2)招标代理

工程建设项目招标代理是指工程招标代理机构接受招标人的委托，从事工程的勘察、设计、施工、监理，以及与工程建设有关的重要设备(进口机电设备除外)、材料采购招标的代理业务。

招标代理机构不得无权代理、越权代理，不得明知委托事项违法而进行代理。招标代理机构不得接受同一招标项目的投标代理和投标咨询业务；未经同意，不得转让招标代理业务。

工程招标代理机构在工程招标代理活动中不得有下列行为。

①与所代理招标工程的招标投标人有隶属关系、合作经营关系以及其他利益关系。

②从事同一工程的招标代理和投标咨询活动。

③超越资格许可范围承担工程招标代理业务。

④明知委托事项违法而进行代理。

⑤采取行贿、提供回扣或者给予其他不正当利益等手段承接工程招标代理业务。

⑥未经招标人书面同意，转让工程招标代理业务。

⑦泄露应当保密的与招标投标活动有关的情况和资料。

⑧与招标人或者投标人串通，损害国家利益、社会公共利益和他人合法权益。

⑨对有关行政监督部门依法责令改正的决定拒不执行或者以弄虚作假方式隐瞒真相。

⑩擅自修改经招标人同意并加盖了招标人公章的招标代理成果文件。

4. 招标程序

招标的一般程序如下：

①成立招标组织，由建设单位自行招标或者委托招标。

②编制招标文件和标底(如果有)。

③发布招标公告或发出招标邀请书。

④对投标单位进行资质审查，并将审查结果通知各申请投标者。

⑤发售招标文件。

⑥组织投标单位踏勘现场，并对招标文件答疑。

5. 招标文件

《招标投标法》规定："招标人应当根据招标项目的特点和需要编制招标文件。招标文件应当包括招标项目的技术要求、对投标人资格审查的标准和评标标准等所有实质性要求和条件以及拟签订合同的主要条款。国家对招标项目的技术、标准有规定的，招标人应当按照其规定在招标文件中提出相应要求。招标项目需要划分标段、确定工期的，招标人应当合理划分标段、确定工期，并在招标文件中载明。"

《工程建设项目施工招标投标办法》中规定：招标人应当根据招标工程的特点和需要，自行或者委托工程招标代理机构编制招标文件。招标文件应当包括下列内容。

①招标公告或投标邀请书。

②投标人须知。

③合同的主要条款。

④投标文件格式。

⑤采用工程量清单招标的，应当提供工程量清单。

⑥技术条款。

⑦设计图纸。

⑧评标标准和方法。

⑨投标辅助材料。

6. 资格审查

资格审查是招标人的一项重要权利，其主要内容是审查潜在投标人或者投标人的资质、业绩、经验，以及信誉、财务状况、人员、设备、分包、诉讼等履约标准，其根本目的是审查潜在投标人或投标人是否具有承担招标项目的能力，以保证投标人中标后，能切实履行合同义务，完成招标项目。

根据《工程建设项目施工招标投标办法》的有关规定，资格审查分为资格预审和资格后审。

（1）资格预审

资格预审是指在投标前对潜在投标人进行的资格审查。

采取资格预审的，招标人可以发布资格预审公告。资格预审公告适用于有关招标公告的规定。招标人应当在资格预审文件中载明资格预审的条件、标准和方法。招标人不得改变载明的资格条件或者以没有载明的资格条件对潜在投标人进行资格预审。

经资格预审后，招标人应当对资格预审合格的潜在投标人发出资格预审合格通知书，告知获取招标文件的时间、地点和方法，并同时对资格预审不合格的潜在投标人告知资格预审结果。资格预审不合格的潜在投标人不得参加投标。

（2）资格后审

资格后审是指在开标后对投标人进行的资格审查。进行资格预审的，一般不再进行资格后审，但招标文件另有规定的除外。

采取资格后审的，招标人应当在招标文件中预先明确对投标人资格要求的条件、标准和方法，不得改变载明的资格条件或者以没有载明的资格条件对投标人进行资格后审。资格后审不合格的投标人的投标应做废标处理。

四、建设工程投标

投标是指符合招标文件规定资格的投标人根据招标人的招标条件，向招标人提交其依照招标文件的要求所编制的投标文件，即向招标人提出自己的报价，以期承包到该招标项目的行为。投标的本质是响应招标，响应招标是指潜在投标人获得了招标信息或投标人获得了招标信息或投标邀请书以后，购买招标文件，接受资格审查，编制投标文件，按照投标人的要求参加投标的活动。

1. 投标人

《招标投标法》规定：投标人是响应招标、参加投标竞争的法人或者其他组织。投标人应当具备承担招标项目的能力；国家有关规定对投标人资格条件或者招标文件对投标人资格条件有规定的，投标人应当具备规定的资格条件。

《招标投标法实施条例》中对投标人进一步规定如下。

①投标人参加依法必须进行招标的项目的投标，不受地区或者部门的限制，任何单位和个人不得非法干涉。

②与招标人存在利害关系可能影响招标公正性的法人、其他组织或者个人，不得参加投标。单位负责人为同一人或者存在控股、管理关系的不同单位，不得参加同一标段投标或者未划分标段的同一招标项目投标。违反以上规定的，相关投标均无效。

③投标人发生合并、分立、破产等重大变化的，应当及时书面告知招标人。投标人不再具备资格预审文件、招标文件规定的资格条件或者其投标影响招标公正性的，其投标无效。

2. 投标文件

《招标投标法》规定："投标人应当按照招标文件的要求编制投标文件。投标文件应当对招标文件提出的实质性要求和条件作出响应。招标项目属于建设施工的，投标文件的内容应当包括拟派出的项目负责人与主要技术人员的简历、业绩和拟用于完成招标项目的机械设备等。"

国家发展和改革委员会、财政部、住房和城乡建设部等9部门联合颁布的《〈标准施工招标资格预审文件〉和〈标准施工招标文件〉暂行规定》中进一步明确，投标文件应包括下列内容。

①投标函及投标函附录。

②法定代表人身份证明或附有法定代表人身份证明的授权委托书。

③联合体协议书。

④投标保证金。

⑤已标价工程量清单。

⑥施工组织设计。

⑦项目管理机构。

⑧拟分包项目情况。

⑨资格审查资料。

建设工程招标投标主要内容

⑩投标人须知前附表规定的其他材料。

投标人须知前附表规定不接受联合体投标的，或投标人没有组成联合体的，投标文件不包括联合体协议书。

3. 联合体投标

（1）联合体投标的含义

联合体投标指的是某承包单位为了承揽不适于自己单独承包的工程项目而与其他单位联合，以一个投标人的身份去投标的行为。

《招标投标法》规定，两个以上法人或者其他组织可以组成一个联合体，以一个投标人的身份共同投标。

联合体投标具有以下特点。

①由两个或两个以上的投标人组成。

②招标人与中标后的联合体只签订一个承包合同，而不是与各成员单位签订合同。

（2）联合体各方资质条件

根据《招标投标法》的规定，对联合体各方资质条件要求如下。

①联合体各方均应当具备承担招标项目的相应能力。

②国家有关规定或者招标文件对投标人资格条件有规定的，联合体各方均应当具备规定的相应资格条件。

③由同一专业单位组成的联合体，按照资质等级较低的单位确定资质等级。

4. 禁止串通投标和其他不正当竞争行为的规定

《反不正当竞争法》规定，本法所称的不正当竞争，是指经营者违反本法规定，损害其他经营者的合法权益，扰乱社会经济秩序的行为。

在建设工程招标投标活动中，投标人的不正当竞争行为主要是：投标人相互串通投标、招标人与投标人串通投标、投标人以行贿手段谋取中标、投标人以低于成本的报价竞标、投标人以他人名义投标或者其他方式弄虚作假骗取中标。

五、开标、评标和中标

1. 开标

开标是招标人按照招标公告或者投标邀请函规定的时间、地点，当众开启所有投标人的投标文件，宣读投标人名称、投标价格和投标文件的其他主要内容的过程。

根据《招标投标法》及相关规定，开标应遵循如下程序。

开标应当在招标文件确定的提交投标文件截止时间的同一时间公开进行；开标地点为招

标文件中预先确定的地点。

开标由招标人主持，邀请所有投标人参加。开标时，由投标人或其推选的代表检查投标文件的密封情况，也可以由招标人委托的公证机构检查并公证；经确认无误后，由工作人员当众拆封，宣读投标人名称、投标价格和投标的其他主要内容。开标过程应当记录，并存档备查。

（1）开标时间、地点与组织

①开标时间、地点。《招标投标法》规定："开标应当在招标文件确定的提交投标文件截止时间的同一时间公开进行；开标地点应当为招标文件中预先确定的地点。"

②开标组织。《招标投标法》规定："开标由招标人主持，邀请所有投标人参加。"

开标由招标人主持。招标人作为整个招标活动的发起者和组织者，应当负责开标的举行。开标应当按照规定的时间、地点公开进行，并且通知所有的投标人参加。投标人参加开标是自愿的，但是招标人必须通知其参加，否则将因程序不合法而引起争议，甚至承担赔偿义务。招标人不得只通知一部分投标人参加开标。

（2）投标文件不予受理的情形

依据《工程建设项目施工招标投标办法》，投标文件有下列情形之一的，招标人不予受理。

①逾期送达或者未送达指定地点的。

②未按招标文件要求密封的。

2. 评标

（1）评标委员会

①评标委员会的组成。根据《招标投标法》规定，评标由招标人依法组建的评标委员会负责。依法必须进行招标的项目，其评标委员会由招标人的代表和有关技术、经济等方面的专家组成，成员为五人以上的单数，其中技术、经济等方面的专家不得少于成员总数的三分之二。

②评标专家的选取。一般招标项目可以采取随机抽取方式，技术特点复杂、专业性要求特别高或者国家有特殊要求的招标项目，采取随机抽取方式确定的专家难以胜任的，可以由招标人直接确定。

③对评标委员会成员的执业道德要求和保密义务。根据《招标投标法》和《评标委员会和评标方法暂行规定》的有关规定，评标委员会成员应当客观、公正地履行职责，遵守执业道德，对所提出的评审意见承担个人责任。

评标委员会成员不得与任何投标人或者招标结果有利害关系的人进行私下接触，不得收受投标人、中介人、其他利害关系人的财物或者其他好处。

评标委员会成员的名单在中标结果确定前必须完全保密。

(2) 评标的标准和方法

招标人应当采取必要的措施，保证评标在严格保密的情况下进行。任何单位和个人不得非法干预、影响评标的过程和结果。评标委员会应当按照招标文件确定的评标标准和方法，对投标文件进行评审和比较；设有标底的，应当参考标底。

①按废标处理的情形。《工程建设项目施工招标投标办法》规定，投标文件有下列情形之一的，由评标委员会初审后按废标处理。

A. 无单位盖章并且无法定代表人或者法定代表人授权的代理人签字或者盖章的。

B. 未按规定的格式填写，内容不全或关键字迹模糊、无法辨认的。

C. 投标人递交两份或多份内容不同的投标文件，或在一份投标文件中对同一招标项目报有两个或多个报价，且未声明哪一个有效，按招标文件规定提交备选投标方案的除外。

D. 投标人名称或组织结构与资格预审时不一致的。

E. 未按招标文件要求提交投标保证金的。

F. 联合体投标未附联合体各方共同投标协议的。

②投标文件的澄清、说明和修正。评标委员会可以要求投标人对投标文件中含义不明确的内容作出必要的澄清或者说明，但是澄清或者说明不得超出投标文件的范围或者改变投标文件的实质性内容。

评标委员会在对实质上响应招标文件要求的投标进行报价评估时，除招标文件另有约定外，应当按下述原则进行修正。

A. 用数字表示的金额与用文字表示的数额不一致时，以文字数额为准。

B. 单价与工程量的乘积与总价之间不一致时，以单价为准。若单价有明显的小数点错位，应以总价为准，并修改单价。

调整后的报价经投标人确认后产生约束力。

③评标报告和中标候选人。

A. 评标报告。评标委员会完成评标工作后，应当向招标人提出书面评标报告，并抄送有关行政监督部门。评标报告由评标委员会全体成员签字。对评标结论持有异议的评标委员会成员可以书面阐述其不同意见和理由。评标委员会成员拒绝在评标报告上签字且不陈述其不同意见和理由的，视为同意评标结论。评标委员会应当对此作出书面说明并记录在案。

B. 中标候选人。评标委员会推荐的中标候选人应当限定在一至三人，并标明排列顺序。

3. 中标

(1) 确定中标人

招标人根据评标委员会提出的书面评标报告和推荐的中标候选人确定中标人。招标人也可以授权评标委员会直接确定中标人，或者在招标文件中规定排名第一的中标候选人为中标人，并明确排名第一的中标候选人不能作为中标人的情形和相关处理规则。

依法必须进行招标的项目，招标人根据评标委员会提出的书面评标报告和推荐的中标候选人自行确定中标人的，应当在向有关行政监督部门提交的招标投标情况书面报告中，说明其确定中标人的理由。

(2) 中标通知书

根据《招标投标法》和《工程建设项目施工招标投标办法》的有关规定，招标人发出中标通知书应当遵守如下规定。

① 中标人确定后，招标人应当向中标人发出中标通知书，并同时将中标结果通知所有未中标的投标人。

② 招标人不得向中标人提出压低报价、增加工作量、缩短工期或其他违背中标人意愿的要求，以此作为发出中标通知书和签订合同的条件。

③ 中标通知书对招标人和投标人具有法律效力。中标通知书发出后，招标人改变中标结果的，或者中标人放弃中标项目的，应当依法承担法律责任。

(3) 签订书面合同与备案

① 签订合同的要求。《招标投标法》规定："招标人和中标人应当自中标通知书发出之日起30日内，按照招标文件和中标人的投标文件订立书面合同。招标人和中标人不得再行订立背离合同实质性内容的其他协议。"

如果出现了两个或者两个以上内容有矛盾的合同，将来就会出现履行合同时适用哪一个合同的争议。但是，有的时候招标人为了能够获得更大的利益，会要求中标人另行签订一个背离原合同实质性内容的合同。针对这种情况可能产生的纠纷，《最高人民法院关于审理建设工程施工合同纠纷案件适用法律问题的解释》第21条规定："当事人就同一建设工程另行订立的建设工程施工合同与经过备案的中标合同实质性内容不一致的，应当以备案的中标合同作为结算工程价款的根据。"

② 担保与垫资。招标人为了降低自己的风险，经常会要求投标人提交履约保证金，招标文件要求中标人提交履约保证金的，中标人应当提交。拒绝提交的，视为放弃中标项目。招标人要求中标人提供履约保证金或其他形式履约担保的，招标人应当同时向中标人提供工程款支付担保。招标人不得擅自提高履约保证金。

招标人与中标人签订合同后5个工作日内，应当向未中标的投标人退还投标保证金。

《工程建设项目施工招标投标办法》同时规定："招标人不得强制要求中标人垫付中标项目建设资金。"

尽管法律已经明确规定招标人不得强制要求中标人垫付中标项目资金，但在实践中，中标人垫付中标项目建设资金的情形仍然是存在的。这种垫资行为经常引发关于利息的纠纷，对此《最高人民法院关于审理建设工程施工合同纠纷案件适用法律问题的解释》给出了以下处理意见。

当事人对垫资和垫资利息有约定，承包人请求按照约定返还垫资及其利息的，应予以支持,但是约定的利息计算标准高于中国人民银行发布的同期同类贷款利率的部分除外。

当事人对垫资没有约定的,按照工程欠款处理。

当事人对垫资利息没有约定,承包人请求支付利息的,不予支持。

③ 备案。合同中确定的建设规模、建设标准、建设内容、合同价格应当控制在批准的初步设计及概算文件范围内;确需超出规定范围的,应当在中标合同签订前,报原项目审批部门审查同意。凡应报经审查而未报的,在初步设计及概算调整时,原项目审批部门不予承认。

依法必须进行施工招标的项目,招标人应当自发出中标通知书之日起15日内,向有关行政监督部门提交招标投标情况的书面报告。书面报告的内容至少包括:招标范围;招标方式和发布招标公告的媒介;招标文件中投标人须知、技术条款、评标标准和方法、合同主要条款等内容;评标委员会的组成和评标报告;中标结果。

第二节 建筑工程发承包制度

分包工程款的结算是否要业主方同意

某隧道公司将其总承包的某工程项目的地铁车站工程分包给甲公司,甲公司取得该工程后又将该围护工程分包给乙公司,双方签订《分包工程合同》一份,约定甲公司将某项目的围护工程分包给乙公司,工程范围及内容为基坑维护工程SMW工法施工,同时双方还对合同暂定总价、合同包干单价,以及相关费用承担方式、工期、质量和结算条件及方式等进行了约定,同时还约定有关工程价款的增加必须经过业主的确认。合同签订后,乙公司进场施工,一年后按期按质完成施工任务。工程完工后乙公司按照合同约定向甲公司提交工程结算书,但因为增加的工程造价没有经过业主方同意,双方对没有经过业主同意的增加的工程造价未能达成一致意见,甲公司迟迟不予办理结算,乙公司遂提起诉讼,要求甲公司支付增加的欠付的工程款及利息。

案例分析:诉讼过程中,争议的焦点之一就是《分包工程合同》的性质以及效力如何?乙公司主张该基坑围护工程系典型的再分包工程,故《分包工程合同》中关于增加的签证费用必须经过业主同意的程序之约定不具有法律约束力;而甲公司则认为所有增加的签证费用必须经过业主确认方为有效。乙公司应当按合同约定履行增加的工程造价必须向业主方申报签字确认的程序。

经法院审理认为：双方签订的分包工程合同，约定"有关工程价款的增加必须经过业主的确认"系双方真实意思表示，且不违反法律规定，应当认定有效，双方均应按约履行。分包合同所涉施工内容为基坑维护工程 SMW 工法施工，涉及专业施工，需相关专业公司配合。甲公司将该施工内容分包给乙公司系专业分包，不属于法律、法规规定的违法分包范畴，故乙公司主张合同无效，无法律依据，不予以采纳。

建筑工程发包与承包是指建设单位将拟建的建筑工程的勘察、设计、施工等工作的全部或其中一部分委托勘察设计单位、施工单位等，并按照双方约定支付一定的报酬，通过合同明确双方当事人的权利与义务的一种法律行为。

建筑工程发包和承包的内容涉及建筑工程的全过程，包括可行性研究的承发包、工程勘察设计的承发包、材料及设备采购的承发包、工程施工的承发包、工程劳务的承发包、工程监理的承发包、工程项目管理的承发包等。但是在实践中，建筑工程承发包的内容较多指建筑工程勘察设计、施工的承发包。

一、工程发包制度

1. 建设工程发包方式

建设工程的发包方式主要有两种：招标发包和直接发包。《建筑法》规定："建筑工程依法实行招标发包，对不适用于招标发包的可以直接发包。"

建筑工程实行公开招标的，发包单位应当按照法定程序和方式，在具备相应资质条件的投标者中，择优选定中标者。建筑工程实行招标发包的，发包单位应当将建筑工程发包给依法中标的承包单位。建筑工程实行直接发包的，发包单位应当将建筑工程发包给具有相应资质条件的承包单位。

2. 提倡实行工程总承包

《建筑法》规定："提倡对建筑工程实行总承包。"《建筑法》还规定："建筑工程的发包单位可以将建筑工程的勘察、设计、施工、设备采购一并发包给一个工程总承包单位，也可以将建筑工程勘察、设计、施工、设备采购的一项或者多项发包给一个工程总承包单位。"

3. 禁止将建设工程肢解发包和违法采购

（1）肢解发包

肢解发包指的是建设单位将应当由一个承包单位完成的建筑工程肢解成若干部分发包给不同的承包单位的行为。

《建筑法》第24条规定："禁止将建筑工程肢解发包"，"不得将应当由一个承包单位完成的建筑工程肢解成若干部分发包给几个承包单位。"

（2）禁止违法采购

①小规模材料设备的采购。工程建设项目不符合《工程建设项目招标范围和规模标准规定》规定的范围和标准的小规模的建筑材料、建筑构配件和设备的采购主要有三种形式：

A. 由建设单位负责采购。

B. 由承包商负责采购。

C. 由双方约定的供应商供应。

按照合同约定，建筑材料、建筑构配件和设备由工程承包单位采购的，发包单位不得指定承包单位购入用于工程的建筑材料、建筑构配件和设备或者指定生产厂、供应商。

②大规模材料设备的采购。工程建设项目符合《工程建设项目招标范围和规模标准规定》规定的范围和标准的，必须通过招标选择货物供应单位。

《工程建设项目货物招标投标办法》还规定："工程建设项目货物招标投标活动，依法由招标人负责。

工程建设项目招标人对项目实行总承包招标时，未包括在总承包范围内的货物达到国家规定规模标准的，应当由工程建设项目招标人依法组织招标。

工程建设项目招标人对项目实行总承包招标时，以暂估价形式包括在总承包范围内的货物达到国家规定规模标准的，应当由总承包中标人和工程建设项目招标人共同依法组织招标。双方当事人的风险和责任承担由合同约定。"

二、工程承包制度

建设工程承包制度包括总承包、共同承包、分包等制度。

《建筑法》规定，建筑工程实行招标发包的，发包单位应当将建筑工程发包给依法中标的承包单位。建筑工程实行直接发包的，发包单位应当将建筑工程发包给具有相应资质条件的承包单位。

承包建筑工程的单位应当持有依法取得的资质证书，并在资质等级许可的业务范围内承揽工程。禁止建筑施工企业超越本企业资质等级许可的业务范围或者以任何形式用其他建筑施工企业的名义承揽工程。禁止建筑施工企业以任何形式允许其他单位或者个人使用本企业的资质证书、营业执照，以本企业的名义承揽工程。

按照合同约定，建筑材料、建筑构配件和设备由工程承包单位采购的，发包单位不得指定承包单位购入用于工程的建筑材料、建筑构配件和设备或者指定生产厂、供应商。

1. 工程总承包的规定

总承包通常分为工程总承包和施工总承包两大类。

《建筑法》规定，建筑工程的发包单位可以将建筑工程的勘察、设计、施工、设备采购一并发包给一个工程总承包单位，也可以将建筑工程勘察、设计、施工、设备采购的一项或者多项发包给一个工程总承包单位。

工程总承包是指从事工程总承包的企业受建设单位的委托，按照工程总承包合同的约定，对工程项目的勘察、设计、采购、施工、试运行（竣工验收）等实行全过程或若干阶段的承包。施工总承包是指发包人将全部施工任务发包给具有施工总承包资质的建筑业企业，由施工总承包企业按照合同的约定向建设单位负责，承包完成施工任务。

（1）工程总承包的方式

工程总承包是国际通行的工程建设项目组织实施方式，有利于发挥具有较强技术力量和组织管理能力的大承包商的专业优势，综合协调工程建设中的各种关系，强化统一指挥和组织管理，保证工程质量和进度，提高投资效益。总承包主要有：设计—采购—施工（EPC）交钥匙总承包、设计—施工总承包（DB）等方式。

（2）总承包单位的责任

《建筑法》规定，建筑工程总承包单位按照总承包合同的约定对建设单位负责；分包单位按照分包合同的约定对总承包单位负责。总承包单位和分包单位就分包工程对建设单位承担连带责任。

《建设工程质量管理条例》进一步规定，建设单位实行总承包的，总承包单位应当对全部建设工程质量负责；建设工程勘察、设计、施工、设备采购的一项或者多项实行总承包的，总承包单位应当对其承包的建设工程或者采购的设备的质量负责。总承包单位依法将建设工程分包给其他单位的，分包单位应当按照分包合同的约定对其分包工程的质量向总承包单位负责，总承包单位与分包单位对分包工程的质量承担连带责任。

2. 工程共同承包的规定

共同承包是指由两个以上具备承包资格的单位共同组成非法人的联合体，以共同的名义对工程进行承包的行为。这是国际工程发承包活动中较为通行的一种做法，可有效地规避工程承包风险。

（1）共同承包的适用范围

《建筑法》规定，大型建筑工程或者结构复杂的建筑工程，可以由两个以上的承包单位联合共同承包。

作为大型的建筑工程或者结构复杂的建筑工程，一般投资额大、技术要求复杂和建设周期长，潜在风险较大，如果采取联合共同承包的方式，有利于更好发挥各承包单位在资金、技术、管理等方面的优势，增强抗风险能力，保证工程质量和工期，提高投资效益。至于中小型或结构不复杂的工程，则无须采用共同承包方式，完全可由一家承包单位独立完成。

(2) 共同承包的责任

《招标投标法》规定，联合体中标的，联合体各方应当共同与招标人签订合同，就中标项目向招标人承担连带责任。《建筑法》也规定，共同承包的各方对承包合同的履行承担连带责任。

3. 工程分包的规定

分包是指总承包单位将其所承包的工程中的专业工程或者劳务作业发包给其他承包单位完成的活动。

建设工程施工分包可分为专业工程分包与劳务作业分包。专业工程分包是指施工总承包企业将其所承包工程中的专业工程发包给具有相应资质的其他建筑业企业完成的活动。劳务作业分包是指施工总承包企业或者专业承包企业将其承包工程中的劳务作业发包给劳务分包企业完成的活动。

(1) 分包工程的范围

《招标投标法》规定，中标人按照合同约定或者经招标人同意，可以将中标项目的部分非主体、非关键性工作分包给他人完成。《招标投标法实施条例》进一步规定，中标人不得向他人转让中标项目，也不得将中标项目肢解后分别向他人转让。中标人按照合同约定或者经招标人同意，可以将中标项目的部分非主体、非关键性工作分包给他人完成。接受分包的人应当具备相应的资格条件，并不得再次分包。中标人应当就分包项目向招标人负责，接受分包的人就分包项目承担连带责任。

据此，总承包单位承包工程后可以全部自行完成，可以将其中的部分工程分包给其他承包单位完成，但依法只能分包部分工程，并且是非主体、非关键性工作；如果是施工总承包，其主体结构的施工则须由总承包单位自行完成。这主要是防止以分包为名而发生转包行为。

(2) 分包单位的条件与认可

《建筑法》规定，建筑工程总承包单位可以将承包工程中的部分工程发包给具有相应资质条件的分包单位；但是，除总承包合同中约定的分包外，必须经建设单位认可。禁止总承包单位将工程分包给不具备相应资质条件的单位。《招标投标法》也规定，接受分包的人应当具备相应的资格条件。

承包工程的单位须持有依法取得的资质证书，并在资质等级许可的业务范围内承揽工程。这一规定同样适用于工程分包单位。不具备资质条件的单位不允许承包建设工程，也不得承接分包工程。《房屋建筑和市政基础设施工程施工分包管理办法》还规定，严禁个人承揽分包工程业务。

总承包单位如果要将所承包的工程再分包给他人，应当依法告知建设单位并取得认可。这种认可应当依法通过两种方式。

①在从承包合同中规定分包内容。

②在总承包合同没有规定分包内容的，应当事先征得建设单位的同意。但是，劳务作业分包由劳务作业发包人与劳务作业承包人通过劳务合同约定，可不经建设单位认可。

需要说明的是，分包工程须经建设单位认可，并不等于建设单位可以直接指定分包人。《房屋建筑和市政基础设施工程施工分包管理办法》规定："建设单位不得直接指定分包工程承包人。"对于建设单位推荐的分包单位，总承包单位有权作出拒绝或者采用的选择。

(3) 分包单位不得再分包

《建筑法》规定，禁止分包单位将其承包的工程再分包。《招标投标法》也规定，接受分包的人不得再次分包。这主要是防止层层分包，如果出现这种层层剥皮，将导致工程质量安全和工期得不到保障。为此，《房屋建筑和市政基础设施工程施工分包管理办法》中规定，除专业承包企业可以将其承包工程中的劳务作业发包给劳务分包企业外，专业分包工程承包人和劳务作业承包人都必须自行完成所承包的任务。

(4) 转包和违法分包的界定

按照我国法律的规定，转包是必须禁止的，而依法实施的工程分包则是允许的。因此，违法分包同样是在法律的禁止之列。

《建设工程质量管理条例》规定，违法分包，是指下列行为。

①总承包单位将建设工程分包给不具备相应资质条件的单位的。

②建设工程总承包合同中未有约定，又未经建设单位认可，承包单位将其承包的部分建设工程交由其他单位完成的。

③施工总承包单位将建设工程主体结构的施工分包给其他单位的。

④分包单位将其承包的建设工程再分包的。

转包是指承包单位承包建设工程后，不履行合同约定的责任和义务，将其承包的全部建设工程转给他人或者将其承包的全部建设工程肢解以后，以分包的名义分别转给其他单位承包的行为。

《房屋建筑和市政基础设施工程施工分包管理办法》中规定，分包工程发包人应当设立项目管理机构，组织管理所承包工程的施工活动。项目管理机构应当具有与承包工程的规模、技术复杂程度相适应的技术、经济管理人员。其中，项目负责人、技术负责人、项目核算负责人、质量管理人员、安全管理人员必须是本单位的人员。分包工程发包人将工程分包后，未在施工现场设立项目管理机构和派驻相应人员，并未对该工程的施工活动进行组织管理的，视同转包行为。

(5) 分包单位的责任

《建筑法》规定，建筑工程总承包单位按照总承包合同的约定对建设单位负责；分包单位按照分包合同的约定对总承包单位负责。总承包单位和分包单位就分包工程对建设单位承担连带责任。《招标投标法》也规定，中标人应当就分包项目向招标人负责，接受分包的人就分包项目承担连带责任。

第三节 建设工程监理制度

建设工程监理的法律规定

> **监理工程师应如何履行职责**
>
> 某输出管道工程在施工过程中，施工单位未经监理工程师事先同意，订购了一批钢管，钢管运抵施工现场后监理工程师进行了检验，检验中监理人员发现钢管质量存在以下问题：施工单位未能提交产品合格证、质量保证书和检测证明资料；实物外观粗糙，标识不清，且有锈斑。
>
> **案例分析：** 由于该批材料由施工单位采购，监理工程师检验发现外观不良，标识不清，且无合格证等资料，监理工程师应书面通知施工单位不得将该批材料用于工程，并抄送业主备案。监理工程师应要求施工单位提交该批产品的产品合格证、质量保证书、材质化验单、技术指标报告和生产厂家生产许可证等资料，以备监理工程师进行审查。如果施工单位提交了以上资料，经监理工程师审查符合要求，则施工单位应按技术规范要求对该产品进行有监理人员鉴证的取样送检。如果经检测后证明材料质量符合技术规范、设计文件和工程承包合同要求，则监理工程师可进行质检签证，并书面通知施工单位。

建设工程监理是指具有相应资质的监理单位受工程项目业主的委托，依据国家有关法律、法规，经建设主管部门批准的工程项目建设文件，建设工程委托监理合同及其他建设工程合同，对工程建设实施的专业化监督管理。

实行建筑工程监理制度是我国工程建设与国际惯例接轨的一项重要工作，也是我国建筑领域中管理体制改革的重大举措。我国于1988年开始推行建筑工程监理制度。经过十几年的摸索总结，我国《建筑法》第31~35条以法律的形式正式确立了该项制度。《工程建设质量管理条例》还规定了工程业主的质量责任和义务。其他有关建设工程监理制度的规定包括原建设部和国家计委发布的《建设工程监理规定》《建设工程监理范围和规模标准规定》《工程监理企业资质管理规定》，以及《建设工程监理规范》等。

一、建设工程监理的性质

1. 服务性

工程监理企业既不直接进行设计，也不直接进行施工，更不参与承包商的利润分成，而是利用自己的知识、技能、经验、信息，以及必要的试验、检测手段为建设单位提供管理活动。

建设工程监理的服务对象是建设单位。监理服务是按照委托监理合同的规定进行的，是受法律约束和保护的。

2. 科学性

工程监理企业应当由组织管理能力强、工程建设经验丰富的人员担任领导；应当有足够数量的、有丰富管理经验和应变能力的监理工程师组成的骨干队伍；要有一套健全的管理制度和现代化的管理手段；要掌握现金的管理理论、方法和手段；要积累足够的技术、经济资料和数据；要有科学的工作态度和严谨的工作作风，实事求是、创造性地开展工作。这一切决定了监理工作的科学性。

3. 独立性

工程监理单位应当严格按照有关法律、法规、规章、工程建设文件、工程建设技术标准、建设工程委托监理合同、有关的建设工程合同等规定实施监理。在监理过程中，监理单位与承建单位不得有隶属关系和其他利害关系。在开展监理的过程中，必须建立自己的组织，按照自己的工作计划、程序、流程、方法、手段独立开展工作。

4. 公正性

公正性是社会公认的职业道德标准，是监理工程师能够长期生存和发展的基本职业道德准则。在开展建设工程监理的过程中，工程监理应该客观公正地对待建设单位和承建单位。特别是当这两方发生利益冲突或者矛盾时，工程监理企业应该以事实为依据，以法律和有关合同为准绳，在维护建设单位合法权益时，不损害承建单位的合法权益。

二、我国实行强制监理的范围

《建设工程质量管理条例》第 12 条对必须实行监理的建设工程作出了原则规定。原建设部根据该条例，于 2001 年 1 月 17 日颁布了《建设工程监理范围和规模标准规定》，明确必须实行监理的建设工程项目具体范围和规模标准。这些必须实行监理的建设工程项目有以下几项。

1. 国家重点建设工程

国家重点建设工程是指依据《国家重点建设项目管理办法》所确定的对国民经济和社会发展有重大影响的骨干项目。

2. 大中型公用事业工程

大中型公用事业工程是指项目总投资额在 3 000 万元以上的下列工程项目。
①供水、供电、供气、供热等市政工程项目。
②科技、教育、文化等项目。
③体育、旅游、商业等项目。
④卫生、社会福利等项目。
⑤其他公用事业项目。

3. 成片开发建设的住宅小区工程

成片开发建设的住宅小区工程是指建筑面积在 5 万平方米以上的住宅建设工程必须实行监理；5 万平方米以下的住宅建设工程，可以实行监理，具体范围和规模标准由省、自治区、直辖市人民政府建设行政主管部门规定。为了保证住宅质量，对高层住宅及地基、结构复杂的多层住宅应当实行监理。

4. 利用外国政府或者国际组织贷款、援助资金的工程

利用外国政府或者国际组织贷款、援助资金的工程的范围包括以下几项。
①使用世界银行、亚洲开发银行等国际组织贷款资金的项目。
②使用国外政府及其机构贷款资金的项目。
③使用国际组织或者国外政府援助资金的项目。

5. 国家规定必须实行监理的其他工程

①项目总投资额在 3 000 万元以上关系社会公共利益、公众安全的基础设施项目。
②学校、影剧院、体育场馆项目。

三、工程建设监理的内容和依据

1. 工程建设监理的内容

工程监理的主要内容可以概括为"三控制、两管理、一协调"。"三控制"是指建设工程监理对建设工程的投资、工期和质量进行控制。"两管理"是指建设工程监理对建设工程进行的合同管理、信息管理。"一协调"是指建设工程监理要协调好与有关单位的工作关系。

2. 工程建设监理的依据

①有关法律、行政法规、规章，以及标准、规范。
②有关工程建设文件。
③建设单位委托监理合同，以及有关的建设工程合同。

四、工程监理单位的选择与合同的签订

1. 工程监理单位的选择

项目法人一般通过招标投标方式择优选定监理单位。

2. 工程建设监理合同的签订

监理单位承担监理业务，应当与项目法人签订书面建设工程监理合同。工程建设监理合同的主要条款包括监理的范围和内容、双方的权利和义务、监理费的计取与支付、违约责任和双方约定的其他事项。

监理费从工程概算中列支，并核减建设单位的管理费。

五、建设工程监理合同

如果将工程建设划分为建设前期(投资决策咨询)、设计阶段、施工招标阶段、施工阶段等几个阶段，监理合同也可分为这样几类。当然，业主既可委托一个监理单位承担所有阶段的监理业务，也可分别委托几个监理单位承担。

(1)建设前期监理合同
在这类监理合同中，监理单位主要从事建设项目的可行性研究并参与设计任务书的编制。

(2)设计监理合同
在这类监理合同中，监理单位的监理内容：审查或评选设计方案，审查设计实施文件；

选择勘察、设计单位，代签或参与签订勘察、设计合同或者监督合同的实施；代编或待审概、预算等。

(3) 招标监理合同

在这类监理合同中，监理单位的监理内容：准备招标文件，代理招标、评标、决标，与中标单位签订工程承包合同。

(4) 施工监理合同

在这类监理合同中，监理单位的监理内容：审查工程计划和施工方案；监督施工单位严格按规范、标准施工，审查技术变更；控制工程进度和质量；检查安全防护设施；检测原材料和构配件质量；认定工程质量和数量；验收工程和签发付款凭证；审查工程价款；整理合同文件和技术档案；提出竣工报告；处理质量事故等。

六、监理单位的职责和工作程序

1. 监理单位的职责

监理单位是建筑市场的主体之一，建设监理是一种高智能的有偿技术服务。监理单位与项目法人之间是委托与被委托的合同关系；与被监理单位是监理与被监理的关系。监理单位应当按照核准的经营范围承接工程建设监理业务。

监理单位应当按照"公正、独立、自主"的原则开展建设监理业务，公平维护项目法人和被监理单位的合法权益。监理单位不得转让监理业务。监理单位不得承包工程，不得经营建筑材料、构配件和建筑接卸、设备。监理单位在监理过程中因过错造成重大经济损失的，应承担一定的经济和法律责任。

监理工程师实行注册制度。监理工程师不得在政府机构、设备制造、材料供应等单位兼职，不得是施工、设备制造和材料、构配件供应等单位的合伙经营者。

2. 建设工程监理程序

建设工程监理工作按照下列程序进行。

①总监理工程师组织有关专业工程监理工程师编写监理规划。

②根据需要和规定，在监理规划基础上由相关的专业监理工程师编写监理细则。

③根据监理规划和监理细则，规范化开展监理工作。

④监理工作结束后，项目监理机构向建设单位提交监理档案并作出监理工作总结。

单元小结

1. 招标按性质可以分为公开招标和邀请招标。

2. 招标投标活动必须遵循公平、公开、公正及诚实信用的原则。

3. 开标应当由招标人主持，邀请所有投标人参加，并在招标文件确定的提交投标文件截止时间的同一时间、在招标文件中预先确定的地点进行。

4. 评标委员会成员由招标人的代表和有关技术、经济等方面的专家组成，成员为5人以上单数，其中技术、经济等方面的专家不得少于成员总数的2/3。

5. 建设工程发包方式主要有招标发包和直接发包两种。建设工程承包的方式主要有总承包、联合承包和直接承包三种。

6. 总承包单位将工程分包给不具备相应资质条件的单位，或将其承包的部分工程交由经建设单位认可的其他单位完成，或将工程主体结构的施工分包给其他单位，或分包单位将其承包的工程再分包等均属违法分包。

7. 建设监理是指监理单位受建设单位的委托对工程建设全过程或项目实施阶段进行监督和管理的活动。我国的建设监理主要指建设市场的监理和对工程建设实施的监理。建设工程监理范围应该包括整个工程建设的全过程，即工程立项、勘察、设计、施工材料及设备采购、设备安装调试等环节，对工期、质量、造价、安全等诸多方面进行监督管理。

单元练习

单项选择题

1. 建设工程招标的基本程序主要包括：①发售招标文件；②编制招标文件；③委托招标代理机构；④履行项目审批手续；⑤开标、评标；⑥签订合同；⑦发布招标公告或投标邀请书；⑧发出中标通知书。上述程序正确的排序顺序是（　　）。

    A. ①②③④⑤⑥⑦⑧   B. ③②④⑦①⑤⑧⑥

    C. ③②①④⑦⑤⑥⑧   D. ④③②⑦①⑤⑧⑥

2. 在招标投标过程中，投标人发生合并、分立、破产等重大变化的，应当（　　）。

    A. 及时书面告知招标人   B. 撤回投标

C. 提高投标保证金额　　　　　　　　　　D. 撤销投标

3. 投标人或者其他利害关系人对依法必须进行招标的项目的评标结果有异议的，应当在（　　）提出。

  A. 中标候选人公示期间　　　　　　　　B. 中标通知书发出之后

  C. 合同谈判期间　　　　　　　　　　　D. 评标报告提交之前

4. 某建设工程项目施工招标，甲公司和乙公司均参与投标，并都委托了丙单位办理投标事宜，甲、乙的行为属于(　　)。

  A. 联合投标　　　B. 合法投标　　　C. 独立投标　　　D. 串通投标

5. 根据《招标投标法》，依法必须进行招标的项目，自招标文件开始发出之日起至投标人提交投标文件截止之日止，最短为(　　)日。

  A. 5　　　　　　B. 10　　　　　　C. 15　　　　　　D. 20

6. 按照建筑法的规定，以下正确的说法是(　　)。

  A. 建筑工程的发包方式分为招标发包和直接发包

  B. 未经发包方同意且无合同约定，承包方不得对专业工程进行分包

  C. 联合体成员对承包合同的履行承担连带责任

  D. 发包方有权将单位工程的地基与基础、主体结构、屋面等工程分别发包给符合资质的施工单位

7. 关于建筑工程发承包制度的说法，正确的是(　　)。

  A. 总承包合同可以采用书面形式或口头形式

  B. 发包人可以将一个单位工程的主体分解成若干部分发包

  C. 建筑工程只能招标发包、不能直接发包

  D. 国家提倡对建筑工程实行总承包

8. 下列工程中，必须实行工程监理的是(　　)。

  A. 1万平方米的住宅小区项目

  B. 1万平方米的学校工程项目

  C. 总投资额为1 000万元人民币的市政工程项目

  D. 总投资额为2 000万元人民币的电力工程项目

9. 工程监理单位与所监理工程的(　　)有权属关系时，不得承担该项建设工程的监理业务。

  A. 建设单位　　　B. 设计单位　　　C. 施工单位　　　D. 勘察单位

10. 监理工程师发现施工现场堆料偏高，有可能滑塌，存在安全事故隐患，则监理工程师应当(　　)。

  A. 要求施工单位整改　　　　　　　　　B. 要求施工单位停止施工

  C. 向安全生产监督行政主管部门报告　　D. 向建设工程质量监督机构报告

单元四

合同法律制度

学习目标

【知识目标】

1. 熟悉建设工程合同的法定形式和内容。
2. 掌握合同订立的程序及缔约过失责任，以及无效合同，可变更、可撤销合同及效力待定合同的概念。

【能力目标】

1. 能够按照法规要求订立建设工程合同基本条款。
2. 能够判定合同违约需承担的责任。
3. 能够正确判断某建设工程合同是否有效。
4. 能够分析合同中双方的权利和义务。

单元四 合同法律制度

思维导图

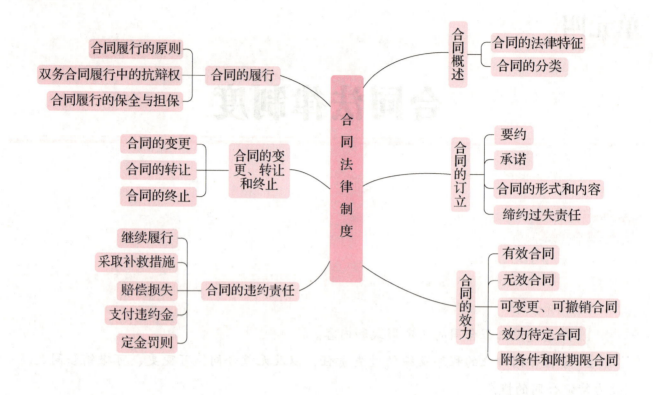

第一节 合同概述

案例导入

口头合同是否有效

某年9月,方某与广西某电气有限公司口头协商,承包了线路工程中的土石方工程、基础工程,经双方商定工程总造价为 2 691 900 元。经方某到工程实地察看后便召集施工队到工地施工,在施工过程中,方某认为该工程总造价过低,必须增加工程款。双方口头协商,将工程造价增加 117 994 元。

次年1月10日,双方补签书面合同,合同内容约定:承包方式为包工不包料,工程总造价为 2 691 900 元。同年9月,工程竣工后,双方在结算时为 117 994 元工程款翻脸。方某认为应按 2 809 894 元结算，广西某电气有限公司则认为应该按照白纸签字的合同结算。双方协商不下，方某遂以广西某电气有限公司尚欠 117 994 元工程款为由向法院提起诉讼，请求维权。

案例分析：建筑工程合同应当采用书面合同的形式。方某与广西某电气有限公司当初虽为口头协商，但过后已补充签订书面合同，而且合同的内容没有违反国家法律、法令的禁止性规定，也没有损害他人的合法权益，故认定双方订立的合同合法有效。而本案诉争的 117 994 元工程造价变更工程款是先于双方订立合同时间，方某对自己的主张有责任提供证据，但没有证据证明自己主张的事实，应当承担举证不能的不利后果责任。对方某的诉讼请求，不能支持，应依法驳回。

一、合同的法律特征

合同，又称契约，是指平等主体（自然人、法人和其他组织）之间，关于建立、变更、终止民事法律关系的协议。依法成立的合同，受法律保护。

根据我国法律对于合同的定义，可以发现，合同的主要法律特征有以下几点。

1. 合同主体之间具有平等的法律地位

合同是两个或多个平等主体之间订立的民事义务关系的相互协议，所谓"平等的法律地位"是指公民的民事权利能力一律平等，不同的民事主体参与民事关系，适用同一法律，具有平等的地位。民事主体在产生、变更和消灭民事法律关系时必须平等协商其合法权利受法律保护。如果主体之间不具备平等的法律地位，则双方协议不能作为合同，也不受合同相关法律的保护。

2. 合同的作用在于设立、变更、终止各项民事法律关系

民事法律关系是民法调整平等主体之间的财产关系与人身关系所形成的社会关系。以财产补偿为主要内容，惩罚性和非财产性责任不是主要的民事责任形式。合同作为一种设立、变更、终止民事法律关系的方式，其法律主体、客体、内容及其责任承担方式都具备民事法律关系的特点。

3. 合同是一种协议

协议是指两个或两个以上实体为了开展某项活动，经过协商后双方达成的一致意见。因此合同需由所涉及各方当事人对于设立变更或终止的民事法律关系的意思表示一致。合同具备生效的基础是双方表示认可，如果其中一方对于协议内容存在不认可、曲解、误解等情况，均会影响合同的法律效力。

二、合同的分类

合同的分类是指基于一定的标准将合同划分成不同的类型。将众多的合同按照一定标准分类，可以针对不同的合同确定不同的规则，便于帮助当事人订立和履行合同，也有助于司法机关在处理合同纠纷时准确使用法律，正确处理合同纠纷。根据常见的分类方式，合同分为以下几类。

1. 双务合同与单务合同

按合同双方根据当事人双方对权利义务的不同分担，可以将合同分为双务合同和单务合同。也可以理解成，根据合同当事人是否互相负有给付义务，可将合同分为双务合同和单务合同。

双务合同是指当事人双方互负给付义务的合同，即双方当事人互享债权，互负债务，一方的权利正好是对方的义务，彼此形成对价关系。在实践中，大多数的合同都是双务合同。典型的双务合同有买卖、租赁、借贷、运输和财产保险等。

单务合同是指合同当事人仅有一方负担给付义务而另一方只享有权利的合同。无偿委托、无偿保管、赠与、使用借贷、自然人间的无息借款合同等都是单务合同。

2. 有偿合同与无偿合同

根据当事人取得权利是否偿付对价，可以将合同分为有偿合同和无偿合同。

有偿合同是指当事人一方享有合同规定的权益，必须向对方当事人偿付相应代价的合同。其特点在于：当事人双方均有给付义务；当事人双方所为的给付具有财产内容。绝大多数合同都是有偿的，如买卖合同、租赁合同、加工承揽合同、运输合同、仓储合同等。

无偿合同是指当事人一方只享有合同权利而不偿付任何代价的合同，实践中主要有赠与合同、无偿借用合同、无偿保管合同等。在无偿合同中，一方当事人不支付对价，但也要承担义务，如无偿借用他人物品，借用人负有正当使用和按期返还的义务。

3. 诺成合同与实践合同

根据合同的成立是否以交付标的物为要件，可将合同分为诺成合同和实践合同。

诺成合同是指以缔约当事人意思表示一致为充分成立条件的合同，即一旦缔约当事人的意思表示达成一致即告成立的合同，不以一方交付标的物为合同的成立要件，当事人交付标的物属于履行合同，而与合同的成立无关。实践中，大多数的合同均为诺成合同，如买卖合同、租赁合同、借款合同等。

实践合同是除当事人意思表示一致外，还必须交付标的物方能成立的合同。例如，赠与合同，必须由赠与人将赠与物交给受赠人，合同才成立；小件寄存合同，必须要寄存人将寄存的物品交给保管人，合同才能成立。实践合同仅限于法律规定的少数合同，如保管合同、自然人之间的借款合同。

4. 要式合同与不要式合同

根据合同的成立是否需要特定的形式，即合同的形式是否影响合同的成立，可将合同分为要式合同和不要式合同。

要式合同是指法律、行政法规规定，或者当事人约定应当采用书面形式的合同。前者称为法定要式合同，后者称为约定要式合同。对于一些重要的交易，法律常要求当事人应当采取特定的方式订立合同。这主要是指书面形式合同和须具备审批或登记文件的合同。例如，租赁期在六个月以上的房屋租赁合同应签订书面协议；中外合资经营企业合同，属于应当由国家批准的合同等。

不要式合同是指当事人订立的合同依法并不需要采取特定的形式，当事人可以采取口头方式，也可以采取书面形式。根据合同自由原则当事人有权选择合同形式，故合同以不要式合同为常态。

5. 主合同与从合同

根据合同相互间的主从关系，可以将合同分为主合同与从合同。

在两个关联合同中，不依赖其他合同的存在即可独立存在的合同称为主合同，以其他合同的存在为前提而存在的合同称为从合同。由于从合同要依赖主合同的存在而存在，所以从合同又被称为"附属合同"。从合同的主要特点在于其附属性，即它不能独立存在，必须以主合同的存在并生效为前提。主合同不能成立，从合同就不能有效成立；主合同转让，从合同也不能单独存在；主合同被宣告无效或被撤销，从合同也将失去效力；主合同终止，从合同亦随之终止。主合同的存在并生效将直接影响到从合同的成立及效力，但从合同不成立或失效，一般并不影响到主合同的效力。

6. 有名合同与无名合同

根据法律是否赋予特定名称并设有规范，可以将合同分为有名合同与无名合同。

有名合同是指法律上或者经济生活习惯上按其类型已确定了一定名称的合同，又称典型合同。法律对有名合同设置的规定大多为任意性规范，当事人可以通过约定来改变法律的规定。法律对有名合同的规定，主要是规范合同的内容，并非要代替当事人订立合同。

无名合同是指有名合同以外的、尚未统一确定一定名称的合同，根据合同自由原则，在不违反现行法律及社会公共利益和社会公德的前提下，允许当事人订立任何内容的合同。

第二节　合同的订立

招聘广告中的承诺是否具备法律效力

某年2月，大学生小李看到某外资企业登出了一则招聘广告，广告中写道："本单位录用的员工将送到国外培训半年至一年。"小李毅然辞去原来的工作，顺利地进了新单位。加入新单位的小李对工作充满希望，想通过积极的工作以得到重视，及时得到出国的机会。但是2年过去了，出国培训的事情依然没有动静，也没有听说哪位同事出国培训了。小李找到单位负责人理论，单位应当履行在招聘广告中的承诺。单位负责人当面答应小李一定会考虑。几天过去后，单位还是没有动静，小李觉得自己两次出国都没有成功，用人单位实在欺人太甚，明明写好的条件却没有给予兑现，严重侵犯了自己的合法利益。小李遂向法院提起诉讼，法院受理了此案。单位在其应诉书中声称，单位与小李的劳动合同中并没有规定单位具有送小李出国培训的条款，因此单位没有此项义务，招聘广告中的条件并没有写进劳动合同中来，因此并没有法律效力。最终，法院采纳了单位方的意见，作出裁决：小李与某公司的劳动合同并没有规定公司应当承担送小李出国培训的机会，因此公司没有此项义务。招聘广告中的承诺，因为没有写进劳动合同中去，因此不具备法律效力。

案例分析： 合同法规定，"当事人订立合同，采取要约、承诺方式。"用人单位的招聘广告在性质上只能属于要约邀请，理由在于：首先，要约要求其对象必须是特定的对象，而招聘广告的对象并不是特定的人，而是潜在的不特定的对象。其次，招聘广告没有具备订立合同的主要条款。相比要约具有法律约束力而言，要约邀请发出后对发出人并不产生法律约束力，发出人没有履行要约邀请内容的义务，因此，用人单位对于招聘广告中的内容并不承担必须履行的义务。

合同本质上是一种合意。合意是指当事人对合同必备条款达成一致意见。当事人合意的过程，就是对合同内容协商一致的过程，是经过要约、承诺完成的。向对方提出合同条件作出签订合同的意思表示称为"要约",而另一方如果表示接受就称为"承诺"。订立合同的具体方式各不相同,有的通过口头或者书面往来协商谈判,有的是采取拍卖、投标等方式,但不管采取什么具体方式,都必须经过两个步骤,就是要约和承诺,这是订立合同的基本规则。

一、要约

1. 要约的构成要件

要约在不同的情况下可以称为"发盘""发价"等,是希望和他人订立合同的意思表示。发出要约的人称为"要约人",接收要约的人称为"受要约人"。一项订约的建议要成为一个要约,要取得法律效力,必须具备一定的条件。如不具备这些条件,作为要约在法律上就不能成立。要约成立的要件有四个。

(1)要约是特定合同当事人的意思表示

发出要约的目的在于订立合同,要约人必须使接收要约的相对方能够明白是谁发出了要约以便作出承诺。因此,发出要约的人必须能够确定,必须能够特定化。

(2)要约必须向要约人希望与之缔结合同的相对人发出

合同因相对人对于要约的承诺而成立,所以要约不能对希望与其订立合同的相对人以外的第三人发出。相对人的特定化意味着要约人对谁有资格作为承诺人,作为合同相对方作出了选择,这样对方一承诺,一个合同就成立了。如果相对人不确定,则作为合同的另一方当事人就是不确定的,合同也就丧失了确定的基础。

(3)要约必须具有缔约目的并表明经承诺即受此意思表示的拘束,也称为要约的目的性

能否构成一个要约要看其中缔约建议的表达是否传递了与被要约人订立合同的真实意愿。即一旦受要约人对要约作出承诺,要约人即受要约约束。

(4)要约的内容必须具备足以使合同成立的主要条件

要约的效力在于,一经被受要约人承诺,合同即可成立。因此,如果一个订约的建议含混不清、内容不具备一个合同最根本的要素,是不能构成一个要约的。即使受要约人作出承诺,也会因缺乏合同的主要条件而使合同无法成立。所以,要约的内容必须是确定的和完整的。所谓确定的是要求必须明确清楚,不能模棱两可、产生歧义。所谓完整的是要求要约的内容必须满足构成一个合同所必备的条件。

2. 要约邀请

要约邀请,又称要约引诱,是邀请或者引诱他人向自己发出订立合同的要约的意思表示。要约邀请可以是向特定人发出的,也可以是向不特定的人发出的。要约邀请与要约不同,要

约是一个一经承诺就成立合同的意思表示，而要约邀请只是邀请他人向自己发出要约，自己如果承诺才成立合同。要约邀请处于合同的准备阶段，没有法律约束力。

根据我国《民法典》规定，下列行为应当属于要约邀请。

(1) 寄送的价目表

(2) 拍卖公告

(3) 招标公告

(4) 招股说明书

(5) 商业广告和宣传

如果广告的内容符合要约规定，应视为要约和注明为要约或者广告中含有广告人希望订立合同的愿望，或者写明相对人只要作出规定的行为就可以使合同成立，则应该认为该广告属于要约而不是要约邀请。

3. 要约的法律效力

要约的法律效力，又称法律的约束力，主要包括要约的生效、撤回、撤销与失效四个方面。

(1) 要约的生效

我国合同法对于要约生效采取"到达主义"，即要约必须自到达受要约人时，才产生效力。需要说明的是，要约"到达受要约人时"并不是指一定实际送达到受要约人或者其代理人手中，要约只要送达到受要约人通常的地址、住所或者能够控制的地方(如信箱等)即为送达。

以数据电文发出要约的，除非发端人与收件人另有协议，数据电文的收到时间按下述办法确定：如收件人为接收数据电文而指定了某一信息系统的，以数据电文进入该指定信息系统的时间为收到时间；如数据电文发给了收件人的一个信息系统但不是指定的信息系统，则以收件人检索到该数据电文的时间为收到时间，如收件人并未指定某一信息系统，则以数据电文进入收件人的任一信息系统的时间为收到时间。

(2) 要约的撤回

要约的撤回是指在要约发出之后但在发生法律效力以前，要约人欲使该要约不发生法律效力而作出的意思表示。要约得以撤回的原因是，要约尚未发生法律效力，所以不会对受要约人产生任何影响，不会对交易秩序产生任何影响。在此阶段，应当允许要约人使尚未生效的要约不产生预期的效力。撤回要约的条件是撤回要约的通知在要约到达受要约人之前或者同时到达受要约人。

(3) 要约的撤销

要约的撤销是指要约人在要约发生法律效力之后而受要约人承诺之前，欲使该要约失去法律效力的意思表示。根据我国合同法的规定，有两种情况的要约是不可撤销的。一是要约人确定了承诺的期限或以其他形式明示要约是不可撤销的；二是受要约人有理由相信要约是不可撤销的，并已经为履行要约做了准备工作。

（4）要约的失效

要约的失效，也可以称为要约的消灭或者要约的终止，指要约丧失法律效力，要约人与受要约人均不再受其约束。要约人不再承担接受承诺的义务，受要约人亦不再享有通过承诺使合同得以成立的权利。要约失效的原因主要有以下几种：

①拒绝要约的通知到达要约人。拒绝要约是指受要约人没有接受要约所规定的条件。拒绝的方式有多种，既可以是明确表示拒绝要约的条件，也可以在规定的时间内不做答复而拒绝。

②要约人依法撤销要约。要约在受要约人发出承诺通知之前，可由要约人撤销要约，一旦撤销，要约将失效。

③承诺期限届满，受要约人对要约未作出承诺。凡是在要约中明确规定了承诺期限的，则承诺必须在该期限内作出，超过了该期限，则要约自动失效。

④受要约人对要约的内容作出实质性变更。受要约人对要约的实质内容作出限制、更改或扩张从而形成反要约，既表明受要约人已拒绝了要约，同时也向要约人提出了一项反要约。

二、承诺

1. 承诺的构成要件

承诺是指受要约人同意接受要约的全部条件以缔结合同的意思表示。在商业交易中，与"发盘""发价"等相对应，承诺称作"接受"。承诺的法律效力在于一经承诺并送达于要约人，合同便告成立。承诺的内容应当与要约的内容一致，承诺生效合同就成立了。

由于承诺一旦生效，将导致合同的成立，因此承诺必须符合一定的条件。在法律上，承诺必须具备如下条件，才能产生法律效力：

（1）承诺必须由受要约人向要约人作出

受要约人是要约人选定的交易相对方，受要约人进行承诺的权利是要约人赋予的，只有受要约人才能具备承诺的能力，受要约人以外的第三人不享有承诺的权利。

（2）承诺必须在规定的期限内达到要约人

承诺的期限通常都是在要约人发出的要约中规定的，在没有规定期限时，根据《合同法》的规定，如果要约是以对话方式作出的，承诺人应当即时作出承诺；如果要约是以非对话方式作出的，应当在合理的期限内作出并到达要约人。如果承诺超过了规定的期限作出，视为逾期承诺。逾期的承诺在民法上被视为一项新的要约。

（3）承诺的内容必须与要约的内容一致

这是承诺最核心的要件，如果受要约人在承诺中对要约的内容加以扩张、限制或者变更，便不能构成承诺，而应当视为对要约的拒绝。同时提出了一项新的要约，称为反要约。所谓实质性内容实际上是指未来合同的重要条款。有关合同的标的、数量、质量、价款或者报酬、履行期限、履行地点和方式、违约责任和解决争议的方法等条款属于实质性内容。如果承诺对要约中包含的上述条款作出了改变，就意味着更改了要约的实质性内容。这样的承诺将不产生使合同成立的效果，只能作为一种新要约而存在。

2. 承诺的方式

承诺方式是指受要约人将其承诺的意思表示传达给要约人所采用的方式。承诺原则上应采取通知方式，但根据交易习惯或者要约表明可以通过行为作出承诺的除外。这就是说，承诺应当以明示或者默示的方式作出。明示的方法，一般依通知，可以口头或者书面表示承诺。默示的方式，主要以行为承诺来进行。如果要约人在要约中规定承诺需用特定方式的，承诺人作出承诺时，必须符合要约人规定的承诺方式。

3. 承诺的法律效力

（1）承诺生效

承诺生效的时间即为合同成立的时间，当事人亦于此时开始享有合同权利、承担合同义务。承诺生效的时间又与合同订立的地点密切相联，与法院管辖的确定以及法律的选择适用密切相关。确定承诺生效的时间非常重要。和要约一样，承诺的生效采用"到达主义"。承诺不需要通知的，根据交易习惯或者要约的要求作出承诺的行为时，承诺生效。采用数据电文订立合同，收件人指定特定系统接收数据电文的，该数据电文进入该特定系统的时间，视为到达时间；未指定特定系统的，该数据电文进入收件人的任何系统的首次时间，视为到达时间。

（2）承诺迟延

所谓承诺迟延（逾期承诺）是指受要约人未在承诺期限内发出承诺。超过承诺期限做出承诺，该承诺不产生效力。

（3）承诺撤回

承诺撤回是指受要约人阻止承诺发生法律效力的意思表示。由于承诺一经送达要约人即发生法律效力，合同即刻成立，所以撤回承诺的通知应当在承诺通知到达之前或者与承诺通知同时到达要约人。

三、合同的形式和内容

1. 合同的形式

合同的形式是当事人合意的表现形式，是合同内容的外部表现和载体。当事人订立合同，有书面形式、口头形式和其他形式（如推定、默示）。法律、行政法规规定采用书面形式的，应当采用书面形式，当事人约定采用书面形式的，应当采用书面形式。

口头形式是指当事人面对面地谈话或者以通信设备如电话交谈达成协议。以口头订立合同的特点是直接、简便、快速，数额较小或者现款交易通常采用口头形式。

书面形式是指以文字等方式达成的协议。这种形式明确肯定，有据可查，对于防止争议和解决纠纷，有积极意义。书面形式一般是指当事人双方以合同书、书信、电报、电传、传真等形式达成协议。随着信息技术的发展，电子商务发展很快，为了适应这种情况，合同法对此做了规定，书面形式除合同书、信件外，还包括数据电文等可以有形地表现所载内容的形式，如电报、电传、传真及电子数据交换和网上电子邮件。

除了书面形式和口头形式，合同还可以以其他形式成立。根据当事人的行为或者特定情形推定合同的成立，或者也可以称之为默示合同。此类合同是指当事人未用语言明确表示成立，而是根据当事人的行为推定合同成立。如租赁房屋的合同，在租赁房屋的合同期满后，出租人未提出让承租人退房，承租人也未表示退房而是继续交房租，出租人仍然接受租金。根据双方当事人的行为，我们可以推定租赁合同继续有效。

2. 合同的内容

合同的内容，就是合同当事人的权利与义务，具体体现为合同的各项条款。在不违反法律强制性规定的情况下，合同条款可以由当事人自由约定，但一般包括以下条款：

①当事人的名称或者姓名和住所。
②标的，如有形财产、无形财产、劳务、工作成果等。
③质量和数量。
④价款或酬金，应规定清楚计算价款或者报酬的方法。
⑤履行的期限、地点和方式。
⑥违约责任，可在合同中约定定金、违约金、赔偿金额及赔偿金计算方法等。
⑦解决争议的方法，解决争议的途径主要有双方协商和解、第三人调解、仲裁、诉讼等。

四、缔约过失责任

缔约过失责任是指在订立合同过程中，一方或双方当事人违反了诚实信用原则而负有的先合同义务，导致合同不成立，或合同虽然成立，但因不符合法定的生效条件而被确认无效或被撤销，给对方当事人造成信赖利益的损失时所应当承担的民事赔偿责任。对缔约过失责任的适用范围包括以下几项。

1. 假借订立合同，恶意进行磋商

恶意磋商是指一方没有订立合同的诚意，假借订立合同与对方磋商而导致另一方遭受损失的行为。如甲企业知悉自己竞争对手在收买乙企业，为了与对手竞争，遂与乙企业谈判购买事宜，在谈判中故意拖延时间，使竞争对手失去收购机会，之后即宣布谈判终止，致使乙企业遭受重大损害。

2. 故意隐瞒与订立合同有关的重要事实或者提供虚假情况

故意隐瞒重要事实或者提供虚假情况，是指对涉及合同成立与否的事实予以隐瞒或者提供与事实不符的情况而引诱对方订立合同的行为。如代理人隐瞒无权代理这一事实而与相对人进行磋商；故意隐瞒标的物的瑕疵等。

3. 有其他违背诚实信用原则的行为

其他违背诚实信用的行为主要是指违反合同义务的行为，如未尽通知、协助等义务，增加了相对方的缔约成本而造成损失；未尽告知义务；未尽照顾、保护义务，造成对方当事人人身、财产的损害等。

负有缔约过失责任的当事人，应当赔偿受损害的当事人。赔偿应当以受损害的当事人的损失为限。这个损失包括直接利益的减少，如谈判中发生的费用，还应当包括受损害的当事人因此失去的与第三人订立合同的机会的损失。

第三节　合同的效力

案例导入

未按法律规定办理相关手续的合同不具备法律效力

某年9月12日，张某与毛某经协商签订矿山转让合同1份，约定张某将自己开采经营的金山石英矿以41万元的价格转让给毛某。但双方未到矿产管理部门办理矿山转让批准手续。合同签订后，张某诉至法院，称毛某未按合同约定支付矿山转让费，要求终止矿山转让合同，并让毛某赔偿因违约给其造成的经济损失2万元。毛某辩称，其并未违约，之所以未完全付清矿山转让费，是因为张某未将《采矿许可证》等证件交付给他，影响了其生产经营，张某应当按照合同约定履行合同。

在本案审理过程中，法院认为当事人未依法经矿产管理部门的批准私自转让采矿权，违反了我国矿产资源法，所签订的矿山转让合同应认定为无效，根据无效合同的违法性，法院行使国家干预权，判决张某与毛某所签订的矿山转让合同无效，并没收双方当事人的违法所得，并对当事人的原诉讼请求予以驳回。

案例分析：无效合同就是不具有法律约束力和不发生履行效力的合同。一般来说，合同一旦依法成立，就具有法律约束力。但是无效合同却由于违反法律、行政法规的强制性规定或者损害国家、社会公共利益，即使其成立，也不具有法律约束力。这就是说，无效合同具有违法性，且自始无效。对此类合同应当实行国家干预，使其不发生效力，而不管当事人是否主张合同的效力。已经履行的，应当通过返还财产、赔偿损失等方式使当事人的财产恢复到合同订立前的状态；对于因合同无效取得的非法利益，应当依法没收。

合同的效力是指法律赋予依法成立的合同具有约束当事人乃至第三人的强制力。合同效力是法律赋予依法成立的合同所产生的约束力。成立后的合同是否具备法律上的约束力，要看合同是否具备生效的条件。合同的效力可分为四大类，即有效合同，无效合同，可变更、可撤销合同和效力待定合同。

一、有效合同

1. 合同成立

合同成立是指当事人完成了签订合同的过程，并对合同的内容双方协商达成一致。一般来讲，合同成立需要具备三个要件：首先，存在订约当事人；其次，双方对于合同的主要条款达成一致；最后，需要通过要约和承诺两个阶段。需要注意的是，合同成立不同于合同生效，在未取得有效要件或者未到双方约定的生效要件之前，合同尚未生效，不具备法律约束力。

2. 合同生效

合同生效是指已经依法成立的合同在当事人之间产生一定的法律约束力，即法律效力。合同成立是合同生效的前提条件，依法成立的合同，自成立时生效。合同生效应当符合下列条件。

①订立合同的当事人必须具有相应的民事权利能力和民事行为能力。

②意思表达真实。即意思表示的行为人的表示行为应当真实反映其内心的效果意思，即当事人的内在意志和外在意思一致即为真实。

③不违反法律、行政法规的强制性规定，不损害社会公共利益。

④合同必须具备法律所要求的形式。这属于合同生效的特别要件。法律、行政法规规定

应当办理批准、登记等手续生效的，依照其规定。例如，我国的建设工程合同必须经过有关部门的特定招投标与依法报建备案审批后，才具有法律效力。

二、无效合同

所谓无效合同就是不具有法律约束力和不产生履行效力的合同。一般合同一旦依法成立，就具有法律约束力，但是无效合同却由于违反法律、行政法规的强制性规定或者损害国家、社会公共利益，即使其成立，也不具有法律约束力。无效合同一般具有以下特征：首先，无效合同具有违法性。一般来说无效合同都具违法性，它们大都违反了法律和行政法规的强制性规定和损害了国家利益、社会公共利益。其次，无效合同是自始无效的。所谓自始无效，就是合同从订立时起就没有法律约束力，所以即使不履行这种合同也需承担违约责任。对于已经履行的，应当通过返还财产、赔偿损失等方式使当事人的财产恢复到合同订立前的状态。

有以下情况之一，合同无效。

1. 一方以欺诈、胁迫的手段订立合同，损害国家利益

所谓欺诈，就是故意隐瞒真实情况或者故意告知对方虚假的情况，欺骗对方，诱使对方作出错误的意思表示而与之订立合同。

所谓胁迫，是指行为人以将要发生的损害或者以直接实施损害相威胁，使对方当事人产生恐惧而与之订立合同。

以欺诈、胁迫的手段订立的合同分为两种：一种为可变更可撤销合同，另一种为无效合同。损害国家利益，则为无效合同。

2. 恶意串通，损害国家、集体或者第三人利益的合同

所谓恶意串通的合同，就是合同的双方当事人非法勾结，为牟取私利，而共同订立的损害国家、集体或者第三人利益的合同。这种合同具有极大的破坏性，损害了国家、集体或者第三人的利益，为了维护国家、集体或者第三人的利益，维护正常的合同交易，将此类合同纳入了无效合同之中。

3. 以合法形式掩盖非法目的而订立合同

这种合同中，行为人为达到非法目的以迂回的方法避开了法律或者行政法规的强制性规定，又称为伪装合同。例如，当事人通过虚假的买卖行为达到隐匿财产、逃避债务的目的就是一种比较典型的以合法形式掩盖非法目的的合同。由于这种合同被掩盖的目的违反法律、行政法规的强制性规定，并且会造成国家、集体或者第三人利益的损害，所以此类合同也纳入了无效合同。

4. 损害社会公共利益的合同

公序良俗或者公共秩序对于维护国家、社会一般利益及社会道德具有极其重要的作用。损害社会公共利益的合同实质上是违反了社会主义的公共道德。破坏了社会经济秩序和生活秩序。例如，与他人签订合同出租赌博场所。将损害社会公共利益的合同纳入无效合同。

5. 违反法律、行政法规的强制性规定的合同

法律、行政法规包含强制性规定和任意性规定。强制性规定排除了合同当事人的意思自由，即当事人在合同中不得合意排除法律、行政法规强制性规定的适用，如果当事人约定排除了强制性规定，则构成本项规定的情形。

6. 合同部分无效

需要注意的是，有些合同中只有部分条款无效，法律上叫作"部分无效"，合同部分无效的，不影响其他部分的效力，其他部分仍然有效，有效的部分还受到法律保护。常见的合同部分无效的情况在于合同免责条款无效。

合同法规定了以下两种免责条款无效：第一，造成对方人身伤害的条款无效；第二，因故意或者重大过失给对方造成财产损失的免责条款无效。

三、可变更、可撤销合同

可变更、可撤销合同，是指当事人订立的合同欠缺生效条件时，一方当事人可以依照自己的意愿，请求人民法院或者仲裁机构作出裁定，从而使合同的内容变更或者使合同的效力归于消灭的合同。这一类合同必须由拥有撤销权的当事人主动行使撤销权，请求对合同进行撤销或者变更。在未被撤销或者变更之前，合同是具备法律效力的。

以下规定了几种属于可撤销、可变更的合同。

1. 因重大误解而订立的合同

所谓重大误解，是指误解者作出意思表示时，对涉及合同法律效果的重要事项存在着认识上的显著缺陷，其后果是使误解者的利益受到较大的损失，或者达不到误解者订立合同的目的。

2. 在订立合同时显失公平的

所谓显失公平的合同，就是一方当事人在紧迫或者缺乏经验的情况下订立的使当事人之间享有的权利和承担的义务严重不对等的合同。标的物的价值和价款过于悬殊、承担责任、风险承担显然不合理的合同，都可称为显失公平的合同。

3. 一方以欺诈、胁迫的手段或者乘人之危，使对方在违背对方真实意思的情况下订立的合同

因欺诈、胁迫订立的合同无效的问题，可撤销合同与无效合同的最大区别在于，是否损害了国家利益。损害国家利益的，涉及社会公共秩序，一般规定为无效。如果未损害国家利益，受欺诈、胁迫的一方可以自主决定该合同有效或者撤销。

在可撤销合同中，具有撤销权的当事人有权撤销合同，但是当事人的这种撤销权并非是没有任何限制的，也就是说，撤销权人必须在规定的期间内行使撤销权。有以下情形之一的，撤销权消灭：

①具有撤销权的当事人自知道或者应当知道撤销事由之日起一年内没有行使撤销权。

②具有撤销权的当事人知道撤销事由后明确表示或者以自己的行为放弃撤销权。

四、效力待定合同

所谓效力待定合同，是指合同成立以后，因存在不足以认定合同无效的瑕疵，致使合同不能产生法律效力，在一段合理的时间内合同效力暂不确定，由有追认权的当事人进行补正或有撤销权的当事人进行撤销，再视具体情况确定合同是否有效。处于此阶段中的合同，为效力待定的合同。

效力待定合同规定为三类：一是限制民事行为能力人订立的合同；二是无权代理人以本人名义订立的合同；三是无处分权人处分他人财产而订立的合同。

1. 限制民事行为能力人订立的合同

限制民事行为能力人缺乏完全的缔约能力，因此限制民事行为能力人签订的合同要具有效力，一个最重要的条件就是要经过其法定代理人的追认。在没有经过追认前，该合同虽然成立，但是并没有实际生效。

2. 无权代理人以本人名义订立的合同

无权代理的合同就是无代理权的人代理他人从事民事行为，而与相对人签订的合同。无权代理而签订的合同有以下三种情形。

①根本没有代理权而签订的合同。

②超越代理权而签订的合同。

③代理关系中止后签订的合同。

行为人没有代理权、超越代理权或者代理权中止后，以被代理人名义订立的合同，未经被代理人追认，对被代理人不发生效力，由行为人承担责任。相对人可以催告被代理人在一个月内予以追认。被代理人未作表示的，视为拒绝追认。合同被追认前，善意相对人有撤销

的权利。撤销应当以通知的方式作出。

3. 无处分权人处分他人财产而订立的合同

无权处分是指无处分权人以自己名义擅自处分他人财产。无权处分行为是否发生效力，取决于权利人追认或处分人是否取得处分权。在权利人追认前，因无权处分而订立的合同处于效力待定状态，在得到追认以前，买受人可以撤销该合同；在追认以后，则合同将从订立合同时起就产生法律效力，任何一方当事人都可以请求对方履行合同义务。

五、附条件和附期限合同

除此之外，根据我国《合同法》相关规定，当事人对合同的效力可以约定附条件。附生效条件的合同，自条件成就时生效。附解除条件的合同，自条件成就时失效。当事人为自己的利益不正当地阻止条件成就的，视为条件已成就；不正当地促成条件成就的，视为条件不成就。

附期限合同是指附有将来确定到来的期限作为合同的条款，并在该期限到来时合同的效力发生或者终止的合同。附期限合同中的附期限可分为生效期限和终止期限。生效期限又可称为始期，是指以其到来使合同发生效力的期限。该期限的作用是延缓合同效力的发生，其作用与附条件合同中的生效条件相当。合同在该期限到来之前，其效力处于停止状态，待期限到来时，合同的效力才发生。终止期限是指以其到来使合同效力消灭的期限。附终止期限合同中的终止期限与附条件合同中的附解除条件的作用相当，故其又称为解除期限。附生效期限的合同，自期限届至时生效。附终止期限的合同，自期限届满时失效。

第四节　合同的履行

分包合同的法律效力

某大型综合体育馆工程，发包方(简称甲方)通过邀请招标的方式确定本工程由承包商乙中标，双方签订了工程总承包合同。在征得甲方书面同意的情况下，承包商乙将桩基础工程分包给具有相应资质的专业分包商丙,并签订了专业分包合同。在桩基础施工期间,由于分包商丙自身管理不善,造成甲方现场周围的建筑物受损,给甲方造成了一定的经济损失,甲方就此事件向承包商乙提出了索赔要求。另外,考虑到体育馆主体工程施工难度高,自身技术力量和经验不足等情况,在甲方不知情的情况下,承包商乙又与另一家具有施工总承包一级资质的某知名承包商丁签订了主体工程分包合同,合同约定承包商丁以承包商乙的名义进行施工,双方按约定的方式进行结算。承包商乙与分包商丙签订的桩基础工程分包合同是否有效?承包商乙和分包商丁的主体工程分包合同是否有效?

案例分析:承包商乙与分包商丙签订的桩基础工程分包合同是有效的。根据有关规定,在征得建设单位书面同意的情况下,施工总承包企业可以将非主体工程或者劳务作业依法分包给具有相应专业承包资质或者劳务分包资质的其他建筑业企业。承包商乙将主体工程分包给承包商丁在法律上属于违法分包行为。根据《建设工程质量管理条例》的规定,施工总承包单位将建设工程主体结构的施工分包给其他单位的,属违法分包。

合同履行是指合同当事人双方依据合同条款的规定,实现各自的权利,并承担各自应负有的义务。合同的履行,从本质上说,是合同当事人对生效合同所约定的权利义务全面、适当的完成的过程。

一、合同履行的原则

合同履行的原则是指法律规定的所有种类合同的当事人在履行合同的整个过程中所必须遵循的一般准则。合同的履行除应遵守平等、公平、诚实、信用等民法基本原则外,还应遵循以下合同履行的特有原则,即适当履行原则、协作履行原则、经济合理原则和情势变更原则。

1. 适当履行原则

适当履行原则是指当事人应依合同约定的标的、质量、数量,由适当主体在适当的期限、地点,以适当的方式,全面完成合同义务的原则。这一原则要求:第一,履行主体适当。即当事人必须亲自履行合同义务或接受履行,不得擅自转让合同义务或合同权利让其他人代为履行或接受履行。第二,履行标的物及其数量和质量适当。即当事人必须按合同约定的标的物履行义务,而且还应依据合同约定的数量和质量来给付标的物。第三,履行期限适当。即当事人必须依照合同约定的时间来履行合同,债务人不得迟延履行,债权人不得迟延受领;如果合同未约定履行时间,则双方当事人可随时提出或要求履行,但必须给对方必要的准备时间。第四，履行地点适当。即当事人必须严格依照合同约定的地点来履行合同。第五，履行方式适当。履行方式包括标的物的履行方式以及价款或酬金的履行方式，当事人必须严格依照合同约定的方式履行合同。

2. 协作履行原则

协作履行原则是指在合同履行过程中，双方当事人应互助合作共同完成合同义务的原则。合同是双方民事法律行为，不仅仅是债务人一方的事情，债务人实施给付，需要债权人积极配合受领给付，才能达到合同目的。由于在合同履行的过程中，债务人比债权人应更多地受诚实信用、适当履行等原则的约束，协作履行往往是对债权人的要求。协作履行原则也是诚实信用原则在合同履行方面的具体体现。协作履行原则具有以下几个方面的要求：第一，债务人履行合同债务时，债权人应适当受领给付。第二，债务人履行合同债务时，债权人应创造必要条件、提供方便。第三，债务人因故不能履行或不能完全履行合同义务时，债权人应积极采取措施防止损失扩大，否则，应就扩大的损失自负其责。

3. 经济合理原则

经济合理原则是指在合同履行过程中，应讲求经济效益，以最少的成本取得最佳的合同效益。在市场经济社会中，交易主体都是理性地追求自身利益最大化的主体，因此，如何以最少的履约成本完成交易过程，一直都是合同当事人所追求的目标。由此，交易主体在合同履行的过程中应遵守经济合理原则是必然的要求。

4. 情势变更原则

情势变更原则是指合同有效成立以后，若非因双方当事人的原因而构成合同基础的情势发生重大变更，致使继续履行合同将导致显失公平，则当事人可以请求变更和解除合同。情势变更原则实质上是诚实信用原则在合同履行中的具体运用，其目的在于消除合同因情势变更所产生的不公平后果。

二、双务合同履行中的抗辩权

抗辩权是指在双务合同中，符合法定条件的前提下，一方当事人可以暂时拒绝对方当事人的履行要求的权利。履行抗辩权是债务人对债权人要求履行的权利。行为表现是拒绝履行合同义务，保留自己的给付。当事人拥有三大抗辩权、即同时履行抗辩权，后履行抗辩权和不安抗辩权。

1. 同时履行抗辩权

同时履行抗辩权是指在双务合同中应当同时履行的一方当事人有证据证明另一方当事人

在同时履行的时间不能履行或者不能适当履行，到履行期时其享有不履行或者部分履行的权利。同时履行抗辩权可适用于以下情形：

①一方当事人有证据证明对方当事人在同时履行的时间未能履行义务，到同时履行的时间该当事人享有不履行合同的权利。例如，卖方在同时履行的日期期间未能供货，买方在同时履行的日期有权不付款。

②一方当事人有证据证明对方当事人在同时履行的时间只能部分履行，该当事人有权就其不能履行部分拒绝给付，只为相应已履行部分给付。

2. 后履行抗辩权

后履行抗辩权是指在双务合同中应当先履行的一方当事人未履行或者不适当履行，到履行期限时对方当事人享有不履行、部分履行的权利。后履行抗辩权可适用于以下情形：

①应当先履行的当事人不履行义务，已到履行期时对方当事人享有不履行合同的权利。例如，出租方不交付租赁物，承租方有权不付租金。

②应当先履行的当事人不适当履行合同造成根本违约，对方当事人享有不履行的权利。例如，供货方交付假冒商品，购买方有权不付货款。

③应当先履行的当事人不适当履行构成部分履行，对方当事人有权就未履行部分拒绝给付，只对其相应已履行部分给付。

3. 不安抗辩权

不安抗辩权又称先履行抗辩权，指双务合同成立后，应当先履行的当事人有证据证明对方不能履行义务，或者有不能履行合同义务的可能性时，在对方没有履行或者提供担保之前，有权中止履行合同义务。

应当先履行债务的当事人，有确切证据证明对方有下列情形之一的，可以中止履行：

①经营状况严重恶化。

②转移财产、抽逃资金，以逃避债务。

③丧失商业信誉。

④有丧失或者可能丧失履行债务能力的其他情形。

具备上述情形，不安抗辩权发生，应当先履行合同义务的当事人可以中止合同的履行。行使不安抗辩权，举证责任在先履行合同义务的当事人，其应当有证据证明对方不能履行合同或者有不能履行合同的可能性。当事人行使不安抗辩权后，应当立即通知对方当事人。不安抗辩权属延期抗辩权，当事人仅是中止合同的履行。倘若对方当事人提供了担保或者做了对待给付，不安抗辩权消灭，当事人应当履行合同。当事人没有确切证据中止履行的，应当承担违约责任。

三、合同履行的保全与担保

1. 合同的保全

代位权和撤销权共为合同的保全。保全又称责任财产的保全，指债权人行使代位权和撤销权，防止债务人的责任财产不当减少，以确保无特别担保的一般债权得以清偿。

代位权指债务人怠于行使权利，债权人为保全债权，以自己的名义向第三人行使债务人享有债权的权利。代位权发生的条件有四个：一是债务人对第三人享有债权，倘若债务人没有对外的债权，就无所谓代位权。债务人对第三人的债权须是非专属于债务人本身的权利。二是债务人怠于行使其债权，债务人应当收取债务，且能够收取，而不收取。债务人已经行使了权利，即使不尽如意，债权人也不能行使代位权。三是债务人怠于行使自己的债权，有害及债权人的债权。债务人怠于行使权利若不害及债权人的债权，则不发生代位权。四是债务人已陷于迟延履行。债务人的债务未到履行期和履行期间未届满的，债权人不能行使代位权。债务履行期间已届满，债务人陷于迟延履行，债权人方可行使代位权。但债权人专为保存债务人权利的行为，如中断时效，可以不受债务人迟延的限制。

具备上述条件，债权人即可行使债务人的权利，以自己的名义请求第三人向债务人清偿债务。债权人行使代位权请求清偿的财产额，应以债务人的债权额和债权人所保全的债权为限，超越此范围，债权人不能行使。

撤销权是指因债务人放弃到期债权或者无偿转让财产，对债权人造成损害的，债权人可以请求人民法院撤销债务人的行为。债务人实施损害债权的行为主要指债务人以赠与、免除等无偿行为处分债权。无偿行为不问第三人的主观动机均可撤销。债务人、第三人若以有偿行为损害债权，则以债务人实施行为时明知损害债权和第三人受益时明知其情形为限。即债务人与第三人恶意串通，货物价值与价款悬殊，显失公平，故意损害债权人的利益。倘若第三人受益时主观上无恶意，则不能撤销其善意取得的行为。撤销权自债权人知道或者应当知道撤销事由之日起一年内行使。自债务人的行为发生之日起五年内没有行使撤销权的，该撤销权消灭。

2. 合同的担保

除了这两种权利之外，常见的为保持合同的正常履行，也可以通过签订担保合同或者在合同中设置担保条款来实现。合同担保指合同当事人依据法律规定或双方约定，有债务人或第三人向债权人提供的以确保债权实现和债务履行为目的的措施。常见的担保方式主要有保证、抵押、质押、定金、留置五种。

保证是常见担保方式的一种，是指保证人和债权人约定，当债务人不履行债务时，保证人按照约定履行债务或者承担责任的行为。

抵押担保是指债务人或者第三人不转移对某一特定物的占有，而将该财产作为债权的担保，债务人不履行债务时，债权人有权依照担保法的规定以该财产折价或者以拍卖、变卖该财产的价款优先受偿。

质押担保是贷款的一种担保方式，即借款人可以用银行存款单、债券等权利凭证作为质物交贷款银行保管，当借款人不能还款时，贷款银行依法处分质物偿还贷款本息、罚息及费用。

定金是指当事人一方在合同成立后或履行前，依照约定向对方支付的一笔金钱，债务人履行债务后，定金应当抵作价款或者收回。给付定金的一方不履行债务的，无权要求返还定金；收受定金的一方不履行债务的，应当双倍返还定金。

留置是指债权人因保管合同、运输合同、加工承揽合同依法占有债务人的动产。债务人不按照合同约定的期限履行债务的，债权人有权依照法律规定留置该财产，以留置财产折价或者以拍卖、变卖该留置物，从所得价款中优先得到清偿。留置权是指债权人对已占有的债务人的动产，在债权未能如期得到清偿前，留置该动产作为担保和实现债权的权利。

第五节　合同的变更、转让和终止

 案例导入

债务转移需经过债权人同意

甲与乙在某年5月8日签订了一份购销建材钢材的合同，合同约定：乙供给甲HRB335钢材3 000吨，同年9月30日以前交货，货到后付款，每吨5 500元。合同签订后，乙又与某钢铁销售公司签订了一份合同，合同规定：由该公司将3 000吨钢材于同年9月底以前送至甲处，货到并经验收后，由乙向该公司按每吨4 800元支付货款。该公司在合同订立以后，四处筹集钢材，于当年9月21日将3 000吨钢材送至甲处，经验收因品质不合格甲拒绝收货。同年11月，甲以乙违约为由，向法院提起诉讼，请求乙承担违约责任。但乙认为他已将债务移转给钢铁销售公司，此系公司违约所致，与己无关。

案例分析：乙的理由不成立。第三人与债务人订立债务承担合同的有效要件之一是须有以债务承担为内容的合同。即债务承担合同中必须具有明确的移转债务于第三人的内容，且债务承担须经债权人同意。具体到本案，乙与钢铁销售企业签订的合同中并没有明确的债务移转之规定，且也未经债权人同意，因而不能据此认为乙对甲的债务已经发生了移转。

一、合同的变更

合同的变更是指合同成立后，当事人在原合同的基础上对合同的内容进行修改或者补充。合同是当事人协商一致的产物，所以当事人在变更合同内容时，也应当本着协商的原则进行。如果双方当事人就变更事项达成了一致意见，变更后的内容就取代了原合同的内容，当事人就应当按照变更后的内容履行合同。一方当事人未经对方当事人同意任意改变合同的内容，变更后的内容不仅对另一方没有约束力，而且这种擅自改变合同的做法也是一种违约行为，当事人应当承担违约责任。

合同变更的形式主要有两种：约定变更和法定变更。约定变更是指当事人协商一致，对合同内容进行变更。这是最常见的合同变更形式。但有的情况下，仅有当事人协商一致是不够的，当事人还应当履行法定的程序，这就是法定变更的形式。

二、合同的转让

合同的转让是指合同当事人将合同的权利或义务全部或部分转让给第三人。合同的转让主要是在转让人和受让人之间完成的，但因为合同的转让关系涉及原合同当事人的利益，所以法律要求义务的转让应取得原合同当事人另一方的同意，而转让权利应及时通知当事人另一方。

合同转让的类型有三种：合同权利转让、合同义务转让和合同权利义务一并转让。

1. 合同权利转让

合同权利的转让是指不改变合同权利的内容，由债权人将权利转让给第三人。债权人既可以将合同权利的全部转让，也可以将合同权利部分转让。合同权利全部转让的，原合同关系消灭，产生一个新的合同关系，受让人取代原债权人的地位而成为新的债权人。合同权利部分转让的，受让人作为第三人加入原合同关系中，与原债权人共同享有债权。为了维护社会公共利益和交易秩序，平衡合同双方当事人的权益，法律又应当对权利转让的范围进行一定的限制。存在以下几种情况之一不得进行转让。

①根据合同性质不得转让。

②按照当事人约定不得转让的权利。

③依照法律规定不得转让的权利。

2. 合同义务转让

合同义务转让是指债务人经债权人同意，将合同的义务全部或者部分地转让给第三人。合同义务转让分为两种情况：一是合同义务的全部转让，新的债务人完全取代了旧的债务人，新的债务人负责全面的履行合同义务；另一种情况是合同义务的部分转让，即新的债务人加入原债务中，和原债务人一起向债权人履行义务。债务人不论转让的是全部义务还是部分义务，都需要征得债权人同意。未经债权人同意，债务人转让合同义务的行为对债权人不发生效力。债权人有权拒绝第三人向其履行，同时有权要求债务人履行义务并承担不履行或者迟延履行合同的法律责任。

债务人转让义务的，新债务人可以主张原债务人对债权人的抗辩。新债务人应当承担与主债务有关的从债务，但该从债务专属于原债务人自身的除外。法律、行政法规规定转让权利或者转让义务应当办理批准、登记等手续的，依照其规定。

3. 权利义务一并转让

权利和义务一并转让又称为概括转让，是指合同一方当事人将其权利和义务一并转让给第三人，由第三人全部地承受这些权利和义务。权利和义务一并转让不同于权利转让和义务转让的是，它是合同一方当事人对合同权利和义务的全面处分，其转让的内容实际上包括权利的转让和义务的转让两部分内容。权利义务一并转让的后果，导致原合同关系的消灭，第三人取代了转让方的地位，产生出一种新的合同关系。

合同关系的一方当事人将权利和义务一并转让时，除了应当征得另一方当事人的同意外，还应当遵守合同法有关转让权利和义务转让的其他规定。主要包括以下几个方面的内容：

①不得转让法律禁止转让的权利。

②转让合同权利和义务时，从权利和从债务一并转让，受让人取得与债权有关的从权利和从债务，但该从权利和从债务专属于让与人自身的除外。

③转让合同权利和义务不影响债务人抗辩权的行使。

④债务人对让与人享有债权的，可以依照有关规定向受让人主张抵销。

⑤法律、行政法规规定应当办理批准、登记手续的，应当依照其规定办理。

当事人订立合同后合并的，由合并后的法人或者其他组织行使合同权利，履行合同义务。当事人订立合同后分立的，除债权人和债务人另有约定的以外，由分立的法人或者其他组织对合同的权利和义务享有连带债权，承担连带债务。

三、合同的终止

合同的权利义务终止，指依法生效的合同，因具备法定情形和当事人约定的情形，合同债权、债务归于消灭，债权人不再享有合同权利，债务人也不必再履行合同义务。有以下情况，合同终止：

1. 债务已经按照约定履行

债务已经按照约定履行，指债务人按照约定的标的、质量、数量、价款或者报酬、履行期限、履行地点和方式全面履行。

2. 合同解除

合同的解除指合同有效成立后，当具备法律规定的合同解除条件时，因当事人一方或双方的意思表示而使合同关系归于消灭的行为。根据合同自愿原则，当事人在法律规定范围内享有自愿解除合同的权利。当事人解除合同包括约定解除和法定解除两种情况。

3. 债务相互抵销

债务相互抵销，指当事人互负到期债务，又互享债权，以自己的债权充抵对方的债权，使自己的债务与对方的债务在等额内消灭。抵销分为法定抵销和约定抵销两种情况。法定抵销指法律规定抵销的条件，具备条件时依当事人一方的意思表示即发生抵销的效力。约定抵销指当事人双方协商一致，使自己的债务与对方的债务在对等额内消灭。

4. 债务人依法将标的物提存

提存指由于债权人的原因，债务人无法向其交付合同标的物时，债务人将该标的物交给提存机关而消灭合同的制度。债权人无正当理由拒绝债务人履行义务，债务人将履行的标的物向有关部门提存的，应当认定债务已经履行。因提存所支出的费用，应当由债权人承担。提存期间，财产收益归债权人所有，风险责任由债权人承担。提存的标的物应当是合同规定应当给付的标的物，主要是货币、有价证券、票据、提单、权利证书等物品。标的物不适于提存或者提存费用过高的，债务人依法可以拍卖或者变卖标的物，提存所得的价款。

5. 债权人免除债务

债权人免除债务，指债权人放弃自己的债权。债权人可以免除债务的部分，也可以免除债务的全部。作出免除意思表示的债权人必须具有完全民事行为能力，无民事行为能力或者限制民事行为能力人的免除行为除非由法定代理人代理或经法定代理人同意，否则不生法律效力。免除可以附条件或者附期限。免除应当通知债务人或者债务人的代理人，向第三人所作免除的意思表示不发生法律效力。

6. 债权债务同归于一人

债权和债务同归于一人，指由于某种事实的发生，使一项合同中，原本由一方当事人享有的债权，而由另一方当事人负担的债务，统归于一方当事人，使得该当事人既是合同的债权人，又是合同的债务人。

7. 法律规定或者当事人约定终止的其他情形

除了前述合同的权利义务终止的情形，出现了法律规定的终止的其他情形的，合同的权利义务也可以终止。因受托人死亡、丧失民事行为能力，作为被代理人或者代理人的法人终止，委托代理终止等。

当事人也可以约定合同的权利义务终止的情形。比如，当事人订立的附解除条件的合同，当解除条件成就时，债权债务关系消灭，合同的权利义务终止。当事人订立附终止期限的合同，期限届至时，合同的权利义务终止。

合同的权利义务终止后，当事人应当遵循诚实信用原则，根据交易习惯履行通知、协助、保密等义务。合同的权利义务终止，不影响合同中结算和清理条款的效力。

第六节 合同的违约责任

面对高额违约金如何处理

某土木公司因施工需要，分别于某年11月26日至次年8月31日，先后与徐州贸易公司签订了五份材料供销合同，合同分别约定了供货规格、材料价格、运费承担、付款方式与时间及违约责任等条款。当年11月26日购销合同约定，逾期付款的违约金为每天每吨50元。次年8月31日的购销合同约定，违约金为每天每吨单价的6‰计算，其他合同规定逾期付款违约金为每天每吨20元。在合同履行过程中，土木公司购进钢材总额为19 110 351.15元，支付部分货款后总共还欠徐州贸易公司8 342 273.04元，逾期付款违约金分段计算累计为1 814 162元。考虑到尚未履约部分钢材货款的数额，该贸易公司主动降低违约金数额 1 000 万元。由于多次催要此欠款未果，该贸易公司遂将土木公司诉至法院，要求土木公司支付所欠全部货款，并承担 8 242 132 元违约金。土木公司承认欠款事实，但认为违约金太高。江苏省徐州市中级人民法院做出一审判决，判决徐州分公司 10 日内偿还达盟公司货款 8 342 273.04 元，支付违约金 200 万元。

案例分析：当事人一方不履行合同义务或者履行合同义务不符合约定的，在履行义务或者采取补救措施后，对方还有其他损失的，应当赔偿损失。当事人一方不履行合同义务或者履行合同义务不符合约定，给对方造成损失的，损失赔偿额应当相当于因违约所造成的损失，包括合同履行后可以获得的利益，但不得超过违反合同一方订立合同时预见到或者应当预见到的因违反合同可能造成的损失。约定违约金低于造成的损失的，当事人可以请求人民法院予以增加；约定的违约金过分高于造成的损失的，当事人可以请求人民法院予以适当减少。

违约责任是指合同当事人违反合同约定所应承担的责任。依法成立的合同，对当事人具有法律约束力，当事人应当按照合同的约定履行自己的义务。如果不履行义务或者履行义务不符合约定就要承担违约责任。承担违约责任的种类有继续履行、采取补救措施、停止违约行为、赔偿损失，此外，还有支付违约金及定金责任等形态。

一、继续履行

继续履行是指合同当事人一方不履行合同义务或者履行合同义务不符合约定时，经另一方当事人的请求，法律强制其按照合同的约定继续履行合同的义务。继续履行建立在能够且应该实际履行的基础上。当事人一方不履行非金钱债务或者履行非金钱债务不符合约定的，对方可以要求履行，但有下列情形之一的除外：

①法律上或者事实上不能履行。
②债务的标的不适于强制履行或者履行费用过高。
③债权人在合理期限内未要求履行。

二、采取补救措施

采取补救措施是指在当事人违反合同的事实发生后，为防止损失发生或者继续扩大，而由违反合同方依照法律规定或约定采取的修理、更换、重新制作、退货、降低价格或者减少报酬等措施，以给权利人弥补或者挽回损失的责任形式。

三、赔偿损失

赔偿损失是一方当事人违反合同给另一方当事人造成财产等损失的赔偿。当事人一方不履行合同义务或者履行合同义务不符合约定，给对方造成损失的，损失赔偿额应当相当于因违约所造成的损失，包括合同履行后可以获得的利益，但不得超过违反合同一方订立合同时预见到或者应当预见到的因违反合同可能造成的损失。

四、支付违约金

违约金是指按照当事人的约定或者法律直接规定，一方当事人违约的，应向另一方支付的金钱。违约金的标的物是金钱，但当事人也可以约定违约金的标的物为金钱以外的其他财产。违约金有法定违约金和约定违约金之分。当事人约定了违约金的，一方违约时，应当按照该约定支付违约金。如果约定的违约金低于造成的损失的，当事人可以请求人民法院或者仲裁机构予以增加；约定的违约金过分高于造成的损失的，当事人可以请求人民法院或者仲裁机构予以适当减少。如果当事人专门就迟延履行约定违约金的，该种违约金仅是违约方对其迟延履行所承担的违约责任，因此，违约方支付违约金后，还应当继续履行债务。

五、定金罚则

定金是指合同当事人一方为了担保合同的履行而预先向对方支付一定数额的金钱。当事人可以约定一方向对方给付定金作为债权的担保。债务人履行债务后，定金应当抵作价款或者收回。给付定金的一方不履行约定的债务的，无权要求返还定金；收受定金的一方不履行约定的债务的，应当双倍返还定金。当事人在订立合同时，可以依照担保法约定一方向对方给付定金作为债权的担保，并按照担保法的规定履行定金罚则。

在合同当事人既约定了违约金，又约定了定金的情况下，如果一方违约，对方当事人可以选择适用违约金或者定金条款，但二者不能并用。

单元小结

1. 合同是指平等主体之间，关于建立、变更、终止民事法律关系的协议。

2. 合同法订立的基本原则是平等、自愿、公平、诚实信用和遵守法律、不得损害社会公共利益原则。

3. 合同的订立需要经过要约和承诺两个阶段。

4. 合同的形式和内容。

5. 格式条款和缔约过失的法律责任。

6. 合同生效的条件，无效合同、可变更可撤销合同和效力待定合同的产生原因。

7. 合同履行的原则包括适当履行、协作履行、经济合理和情势变更。

8. 合同的抗辩权包括后履行抗辩、同时履行抗辩和不安抗辩。

9. 常见的合同担保方式主要有保证、抵押、质押、定金、留置五种。

10. 合同可以进行变更和转让，转让包括权利转让、义务转让和一并转让。

11. 合同的违约责任方式包括：继续履行、采取补救措施、停止违约行为、赔偿损失，支付违约金及定金罚责等。

12. 建筑工程合同必须采用书面形式。在建筑工程合同中，招标文件属于要约邀请，投标文件属于要约，而中标通知书属于承诺。

13. 承包单位不得将其承包的全部建筑工程转包给他人，也不得分包给无资质的分包商。

单元练习

单项选择题

1. 租赁合同属于（　　）。

A. 双务合同　　　　　　　　　　B. 无偿合同

C. 无名合同　　　　　　　　　　D. 为第三人利益订立的合同

2. 下列附条件合同效力的描述，正确的是（　　）。

A. 附生效条件的合同，自条件成就时失效

B. 附解除条件的合同，自条件成就时生效

C. 在附生效条件的合同，当事人为自己的利益不正当地阻止条件成就时，该合同生效

D. 在附解除条件的合同，当事人为自己的利益不正当地阻止条件成就时，该合同继续有效

3. 某商场设有自动售报机，顾客只要按要求投入硬币，即可得到当天日报一份，此种成立买卖合同的形式为（　　）。

  A. 书面形式　　　　B. 口头形式　　　　C. 推定形式　　　　D. 默示形式

4. 根据合同法的相关规定，撤销权人行使撤销权的期限为一年，此一年为（　　）。

  A. 不变期间，不适用诉讼时效中止、中断或者延长的规定

  B. 不变期间，不适用诉讼时效中止、中断的规定，但适用诉讼时效延长的规定

  C. 不变期间，适用诉讼时效中止、中断的规定，但不适用诉讼时效延长的规定

  D. 不变期间，适用诉讼时效中止、中断或延长的规定

5. 甲与乙订立了合同，约定由丙向甲履行债务，现丙履行的行为不符合合同的约定，甲有权请求（　　）。

  A. 丙承担违约责任　　　　　　　　　　B. 乙承担违约责任

  C. 乙和丙承担违约责任　　　　　　　　D. 乙或者丙承担违约责任

6. 上海某工厂向广州某公司购买一批物品，合同对付款地点和交货期限没有约定，发生争议时，依据合同法规定（　　）。

  A. 上海某工厂付款给广州某公司应在上海履行

  B. 上海某工厂可以随时请求广州某公司交货，而且可以不给该厂必要的准备时间

  C. 上海某工厂付款给广州某公司应在广州履行

  D. 广州某公司可以随时交货给上海某工厂，而且可以不给该厂必要的准备时间

7. 关于代位权行使的要件，不正确的表述是（　　）。

  A. 债权人与债务人之间有合法的债权债务存在

  B. 债务人对第三人享有到期债权

  C. 债务人怠于行使其权利，并且债务人怠于行使权利的行为有害于债权人的债权

  D. 债权人代位行使的范围是债务人的全部债权

8. 张某与王某签订一份货物买卖合同，张某为卖方，住在甲市，王某为买方，住在乙市。双方对履行地点没有约定，且不能通过习惯、合同性质确定，双方又不能达成补充协议。依法，（　　）。

  A. 交付货币应在甲市，交付货物应在乙市　　B. 交付货物应在甲市，交付货币应在乙市

  C. 交付货币和货物均在甲市　　　　　　　　D. 交付货币和货物均在乙市

9. 甲公司得知乙公司正在与丙公司谈判。甲公司本来并不需要这个合同，但为排挤乙公

司，就向丙公司提出了更好的条件。乙公司退出后，甲公司也借故中止谈判，给丙公司造成了损失。甲公司的行为是(　　)。

  A. 欺诈   B. 以合法形式掩盖非法目的

  C. 恶意磋商   D. 正常的商业竞争

10. 工程投标属于(　　)。

  A. 要约   B. 承诺   C. 要约邀请

单元五

建设工程质量管理法律制度

学习目标

【知识目标】

1. 了解工程建设标准分类工程质量标准、体系、工程建设标准强制性条文的实施。

2. 熟悉我国目前已实施的建设工程质量管理基本制度；掌握建设工程质量责任主体与项目负责人质量终身负责制。

3. 掌握施工单位的质量责任和义务；熟悉建设单位与勘察设计单位的质量责任和义务。

4. 掌握建设工程竣工验收与工程质量保修等法律制度。

【能力目标】

1. 能够具有准确区分工程建设各方责任和义务的能力。

2. 具有严格执行工程质量管理的意识和能力。

第一节　施工单位的质量责任和义务

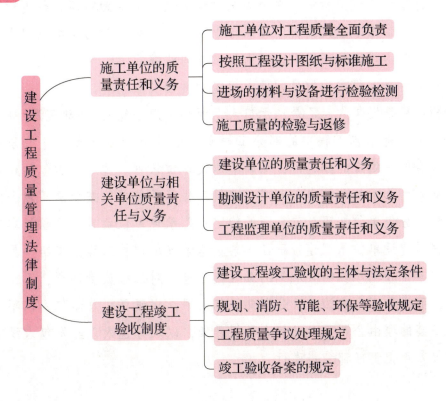

第一节　施工单位的质量责任和义务

建设工程资料
归档规定

案例导入

分包工程出现质量问题谁负责

甲公司因建办公楼与乙建筑承包公司签订了工程总承包合同。其后，经甲同意，乙分别与丙建筑设计院和丁建筑工程公司签订了工程勘察设计合同和工程施工合同。勘察设计合同约定：由丙对甲的办公楼及其附属工程提供设计服务，并按勘察设计合同的约定交付有关的设计文件和资料。施工合同约定：由丁根据丙提供的设计图纸进行施工。工程竣工时依据国家有关验收规定及设计图纸进行质量验收。合同签订后，丙按时将设计文件和有关资料交付给丁，丁依据设计图纸进行施工。

工程竣工后，甲会同有关质量监督部门对工程进行验收，发现工程存在严重质量问题，是由于设计不符合规范所致。原来丙未对现场进行仔细勘察即自行进行设计，导致设计不合理，给甲带来了重大损失。丙以与甲没有合同关系为由拒绝承担责任，乙又以自己不是设计人为由推卸责任。甲遂以丙为被告向法院起诉，法院受理后追加乙为共同被告，判决乙与丙对工程建设质量问题承担连带责任。

案例分析： 甲是发包人，乙是总承包人，丙和丁是分包人，《建筑法》规定：建筑工程总承包单位可以将承包工程中的部分工程发包给具有相应资质条件的分包单位，但是，除总承包合同中约定的分包外，必须经建设单位认可。施工总承包的建筑工程主体结构的施工必须由总承包单位自行完成。建筑工程总承包单位按照总承包合同的约定对建设单位负责，分包单位按照分包合同的约定对总承包单位负责。总承包单位和分包单位就分包工程对建设单位承担连带责任。禁止总承包单位将工程分包给不具备相应资质条件的单位。禁止分包单位将其承包的工程再分包。对工程质量问题，乙作为总承包人应承担责任，而丙和丁也应该依法分别向发包人甲承担责任。总承包人以不是自己勘察设计和建筑安装的理由企图不对发包人承担责任，以及分包人以与发包人没有合同关系为由不向发包人承担责任都是错误行为。

一、施工单位对工程质量全面负责

施工单位是工程建设的重要责任主体之一。施工阶段是建设工程实物质量形成的阶段，勘察、设计工作成果均要在这一阶段得以实现。由于施工阶段影响质量稳定的因素和涉及的责任主体均较多，协调管理的难度较大，明确施工阶段施工单位的质量责任主体尤为重要。

1. 施工单位应对施工质量负责

《建筑法》规定，建筑施工企业对工程的施工质量负责。《建设工程质量管理条例》进一步规定，施工单位对建设工程的施工质量负责。施工单位应当建立质量责任制，确定工程项目的项目经理、技术负责人和施工管理负责人。

对施工质量负责是施工单位法定的质量责任。施工单位是建设工程质量的重要责任主体，但不是唯一的责任主体。建设工程质量要受多方面因素的制约，在勘察、设计质量没有问题的前提下，整个建设工程的质量状况，最终将取决于施工质量。因此，从法律上确立施工质量责任制，要求施工单位对建设工程的施工质量负责，也就是要对自己的施工行为负责，既可避免让施工单位承担过多的工程质量责任而开脱建设单位及其他主体的责任，又可避免让建设单位及其他主体承担过多的工程质量责任而忽略施工单位应承担的施工质量责任。建设工程各方主体依法各司其职、各负其责，以使建设工程质量责任真正落到实处。

施工单位的质量责任制是其质量保证体系的一个重要组成部分，也是施工质量目标得以实现的重要保证。建立质量责任制，主要包括制订质量目标计划，建立考核标准，并层层分解落实到具体的责任单位和责任人，特别是工程项目的项目经理、技术负责人和施工管理负责人。落实质量责任制，不仅是为了在出现质量问题时可以追究责任，更重要的是通过层层落实质量责任制，做到事事有人管、人人有职责，加强对施工过程的全面质量控制，保证建设工程的施工质量。

2. 总分包单位的质量责任

《建筑法》规定，建筑工程实行总承包的，工程质量由工程总承包单位负责，总承包单位将建筑工程分包给其他单位的，应当对分包工程的质量与分包单位承担连带责任。分包单位应当接受总承包单位的质量管理。

《建设工程质量管理条例》进一步规定，建设工程实行总承包的，总承包单位应当对全部建设工程质量负责；建设工程勘察、设计、施工、设备采购的一项或者多项实行总承包的，总承包单位应当对其承包的建设工程或者采购的设备的质量负责。总承包单位依法将建设工程分包给其他单位的，分包单位应当按照分包合同的约定对其分包工程的质量向总承包单位负责，总承包单位与分包单位对分包工程的质量承担连带责任。

据此，无论是实行建设工程总承包还是对建设工程勘察、设计、施工、设备采购的一项或者多项实行总承包，总承包单位都应当对其所承包的工程或工作承担总体的质量责任。这是因为，在总分包的情况下存在着总包、分包两个合同，所以就有两种合同法律关系：

①总承包单位要按照总包合同向建设单位负总体质量责任，这种责任的承担不论是总包单位造成的还是分包单位造成的。

②在总承包单位承担责任后，可以依据分包合同的约定，追究分包单位的质量责任包括追偿经济损失。

二、按照工程设计图纸与标准施工

《建筑法》规定，建筑施工企业必须按照工程设计图纸和施工技术标准施工，不得偷工减料。工程设计的修改由原设计单位负责，建筑施工企业不得擅自修改工程设计。《建设工程质量管理条例》进一步规定，施工单位必须按照工程设计图纸和施工技术标准施工，不得擅自修改工程设计，不得偷工减料。施工单位在施工过程中发现设计文件和图纸有差错的，应当及时提出意见和建议。

1. 按图施工，遵守标准

按工程设计图纸施工是保证工程实现设计意图的前提，也是明确划分设计、施工单位质量责任的前提。如果施工单位不按图施工或不经原设计单位同意就擅自修改工程设计，其直接后果往往是违反了原设计的意图，严重的将给工程结构安全留下隐患。间接后果是在原设计有缺陷或出现工程质量事故的情况下，由于施工单位擅自修改了设计，将会混淆设计、施工单位各自的质量责任。所以，按图施工、不擅自修改设计是施工单位保证工程质量的最基本要求。

施工技术标准是工程建设过程中规范施工行为的技术依据。如前所述，工程建设的国家标准、行业标准均分为强制性标准和推荐性标准。施工单位只有按照施工技术标准，特别是强制性标准的要求施工，才能保证工程的施工质量。偷工减料属于一种非法牟利的行为。如果在工程的一般部位，施工工序不严格按照标准要求，减少工料投入，简化操作程序，将会产生一般性的质量通病，影响工程外观质量或一般使用功能；但在关键部位，如结构中使用劣质钢筋、水泥等，将给工程留下严重的结构隐患。

从法律的角度来看，工程设计图纸和施工技术标准都属于合同文件的组成部分，如果施工单位不按照工程设计图纸和施工技术标准施工，则属于违约行为，应该对建设单位承担违约责任。

2. 施工单位的识图责任

工程项目的设计涉及多个专业，设计文件和图纸也有可能会出现差错。这些差错通常会在图纸会审或施工过程中被逐渐发现。施工人员特别是施工管理负责人、技术负责人及项目经理等，均为有丰富实践经验的专业人员，对设计文件和图纸中存在的差错是有能力发现的。如果施工单位在施工过程中发现设计文件和图纸中确实存在差错，有义务及时向设计单位提出，以免造成不必要的损失和质量问题。这是施工单位应具备的职业道德，也是履行合同应尽的基本义务。

三、进场的材料与设备进行检验检测

《建筑法》规定，建筑施工企业必须按照工程设计要求、施工技术标准和合同的约定，对建筑材料、建筑构配件和设备进行检验，不合格的不得使用。

《建设工程质量管理条例》进一步规定，施工单位必须按照工程设计要求、施工技术标准和合同约定，对建筑材料、建筑构配件、设备和商品混凝土进行检验，检验应当有书面记录和专人签字；未经检验或者检验不合格的，不得使用。

1. 建筑材料、建筑构配件、设备和商品混凝土的检验制度

施工单位对进入施工现场的建筑材料、建筑构配件、设备和商品混凝土实行检验制度，是施工单位质量保证体系的重要组成部分，也是保证施工质量的重要前提。施工单位应当严

把两道关：一是谨慎选择生产供应厂商；二是实行进场二次检验。

施工单位的检验要依据工程设计要求、施工技术标准和合同约定。检验对象是将在工程施工中使用的建筑材料、建筑构配件、设备和商品混凝土。合同若有其他约定的，检验工作还应满足合同相应条款的要求。检验结果要按规定的格式形成书面记录，并由相关的专业人员签字。对于未经检验或检验不合格的，不得在施工中用于工程上。否则，将是一种违法行为，要追究使用人或批准使用人的责任。

2. 施工检测的见证取样和送检制度

《建设工程质量管理条例》规定，施工人员对涉及结构安全的试块、试件及有关材料，应当在建设单位或者工程监理单位监督下现场取样，并送具有相应资质等级的质量检测单位进行检测。

在施工过程中，为了控制工程总体或相应部位的施工质量，通常要依据有关的技术标准，用规定方法对用于工程的材料或构件抽取一定数量的样品进行检测检验，并根据其结果来判断所代表部位的质量。这是控制和判断施工质量水平所采取的重要技术措施。试件、试块及有关材料的真实性和代表性，是保证这一措施有效的前提条件。因此，施工检测应当实行见证取样和送检制度，并由具有相应资质等级的质量检测单位进行检测。

（1）见证取样和送检

见证取样和送检是指在建设单位或工程监理单位人员的见证下，由施工单位的现场试验人员对工程中涉及结构安全的试块、试件和材料在现场取样，并送至具有法定资格的质量检测单位进行检测的活动。

（2）工程质量检测单位的资质和检测规定

原建设部发布的《建设工程质量检测管理办法》规定，工程质量检测机构是具有独立法人资格的中介机构。按照其承担的检测业务内容分为专项检测机构资质和见证取样检测机构资质。检测机构未取得相应的资质证书，不得承担本办法规定的质量检测业务。

质量检测业务由工程项目建设单位委托具有相应资质的检测机构进行检测。委托方与被委托方应当签订书面合同。

检测机构完成检测业务后，应当及时出具检测报告。检测报告经检测人员签字、检测机构法定代表人或者其授权的签字人签署，并加盖检测机构公章或者检测专用章后方可生效。检测报告经建设单位或者工程监理单位确认后，由施工单位归档。任何单位和个人不得明示或者暗示检测机构出具虚假检测报告，不得篡改或者伪造检测报告。如果检测结果利害关系人对检测结果发生争议的，由双方共同认可的检测机构复检，复检结果由提出复检方报当地建设主管部门备案。

检测机构应当将检测过程中发现的建设单位、监理单位、施工单位违反有关法律、法规和工程建设强制性标准的情况，以及涉及结构安全检测结果的不合格情况，及时报告工程所在地建设主管部门。检测机构应当建立档案管理制度，并应当单独建立检测结果不合格项目台账。

检测人员不得同时受聘于两个或者两个以上的检测机构。检测机构和检测人员不得推荐或者监制建筑材料、构配件和设备。检测机构不得与行政机关，法律、法规授权的具有管理公共事务职能的组织，以及与所检测工程项目相关的设计单位、施工单位、监理单位有隶属关系或者其他利害关系。

检测机构不得转包检测业务。检测机构应当对其检测数据和检测报告的真实性和准确性负责。检测机构违反法律、法规和工程建设强制性标准，给他人造成损失的，应当依法承担相应的赔偿责任。

四、施工质量的检验与返修

1. 施工质量检验制度

《建设工程质量管理条例》规定，施工单位必须建立、健全施工质量的检验制度，严格工序管理，做好隐蔽工程的质量检查和记录。隐蔽工程在隐蔽前，单位应当通知建设单位和建设工程质量监督机构。

施工质量检验通常是指工程施工过程中工序质量检验（或称为过程检验），包括预检、自检、交接检、专职检、分部工程中间检验及隐蔽工程检验等。

(1) 严格工序质量检验和管理

施工工序也可以称为过程，各个工序或过程之间横向和纵向的联系形成了工序网络或过程网络。任何一项工程的施工，都是通过一个由许多工序或过程组成的工序（或过程）网络来实现的。网络上的关键工序或过程都有可能对工程最终的施工质量产生决定性的影响。如焊接节点的破坏就可能引起桁架破坏，从而导致屋面坍塌。所以，施工单位要加强对施工工序或过程的质量控制，特别是要加强影响结构安全的地基和结构等关键施工过程的质量控制。

(2) 强化隐蔽工程质量检查

隐蔽工程是指在施工过程中某一道工序所完成的工程实物，被后一工序形成的工程实物所隐蔽，而且不可以逆向作业的那部分工程。例如，钢筋混凝土工程施工中，钢筋为混凝土所覆盖，前者即为隐蔽工程。

由于隐蔽工程被后续工序隐蔽后，其施工质量就很难检验及认定。如果不去认真做好隐蔽工程的质量检查工作，便容易给工程留下隐患。所以，隐蔽工程在隐蔽前，施工单位除了要做好检查、检验并做好记录外，还应当及时通知建设单位（实施监理的工程为监理单位）和建设工程质量监督机构，以接受政府监督和向建设单位提供质量保证。

按照2013年4月住房和城乡建设部、工商总局经修改后发布的《建设工程施工合同文本》

的要求，承包人应当对工程隐蔽部位进行自检，并经自检确认是否具备覆盖条件。除专用合同条款另有约定外，工程隐蔽部位经承包人自检确认具备覆盖条件的，承包人应在共同检查前48小时书面通知监理人检查，通知中应载明隐蔽检查的内容、时间和地点，并应附有自检记录和必要的检查资料。监理人应按时到场并对隐蔽工程及其施工工艺、材料和工程设备进行检查。经监理人检查确认质量符合隐蔽要求，并在验收记录上签字后，承包人才能进行覆盖。经监理人检查质量不合格的，承包人应在监理人指定的时间内完成修复，并由监理人重新检查，由此增加的费用和（或）延误的工期由承包人承担。

除专用合同条款另有约定外，监理人不能按时进行检查的，应在检查前24小时向承包人提交书面延期要求，但延期不能超过48小时，由此导致工期延误的，工期应予以顺延。监理人未按时进行检查，也未提出延期要求的，视为隐蔽工程检查合格，承包人可自行完成覆盖工作，并做相应记录报送监理人，监理人应签字确认。监理人事后对检查记录有疑问的，可按重新检查的约定重新检查。

2. 建设工程的返修

《建筑法》规定，对已发现的质量缺陷，建筑施工企业应当修复。《建设工程质量管理条例》进一步规定，施工单位对施工中出现质量问题的建设工程或者竣工验收不合格的建设工程，应当负责返修。

返修作为施工单位的法定义务，其返修包括施工过程中出现质量问题的建设工程和竣工验收不合格的建设工程两种情形。对于非施工单位原因造成的质量问题，施工单位也应当负责返修，但是因此而造成的损失及返修费用由责任方负责。

第二节　建设单位与相关单位质量责任与义务

案例导入

建设方没有进行地质勘察引发质量问题谁承担

某建设方新建一车间，分别与设计院和市建某公司签订设计合同与施工合同，工程竣工后厂房北侧墙壁发生裂缝现象，经勘验是由于局部地基承载力不够引起不均匀沉降。

单　元　五　建设工程质量管理法律制度

结论是结构设计的图纸所依据的基础地质资料不准。建设方要求施工方进行质量事故处理，并承担相关费用，施工方认为这是设计方造成的质量问题，不应由施工方承担责任。于是建设方又诉讼设计院。市设计院答辩，设计院是根据建设方提供的地质资料设计的，不应承担事故责任。经法院查证：设计院所依据的地质相邻的房屋的地质勘察资料是该车间相邻的车间的地质勘察资料，建设方与勘察方双方负责人商议为了节约成本就选用邻近房屋的地质勘察资料，而勘察方为了节约勘察劳务费用没有对新建的车间基础的位置进行再次勘察，而是使用相邻的房屋的地质勘察资料形成了勘察报告，并经建设方交给设计院进行了建筑结构设计，委托施工方进行了施工。竣工1个月后由于地基沉降墙壁发生裂缝现象。

案例分析：依据建设工程质量管理条例规定：建设方委托勘察设计院进行新建建筑物的地基基础进行勘察，并将房屋的地质勘察资料交由建筑设计院结构设计。勘察报告的准确性应由勘察设计院对建设方负责。建筑设计的质量应由建筑设计院对建设方负责。施工方按设计图纸施工，并对房屋的施工质量负责。从上述案例看，为建筑设计院提供准确的地质勘察资料是勘察设计院的职责与义务。而建设方没有履行基本建设程序违规发包，勘察方为了节约劳务费用使用了相邻的房屋的地质勘察资料而没有再次勘察，从而导致新建基础地质资料不准引起不均匀沉降房屋质量问题。建设方、勘察方应承担主要质量责任，设计方、施工方不应对由于设计错误引发的质量事故负责。

建设工程质量责任制涵盖了多方主体的质量责任制，除施工单位外，还有建设单位，勘察、设计单位，工程监理单位的质量责任制。

一、建设单位的质量责任和义务

建设单位作为建设工程的投资人，是建设工程的重要责任主体。建设单位有权选择承包单位，有权对建设过程进行检查、控制，对建设工程进行验收，并要按时支付工程款和费用等，在整个建设活动中居于主导地位。因此，要确保建设工程的质量，首先就要对建设单位的行为进行规范，对其质量责任予以明确。

1. 依法发包工程

《建设工程质量管理条例》规定，建设单位应当将工程发包给具有相应资质等级的单位。建设单位不得将建设工程肢解发包。建设单位应当依法对工程建设项目的勘察、设计、施工、监理，以及与工程建设有关的重要设备、材料等的采购进行招标。

建设单位发包工程时，应该根据工程特点，以有利于工程的质量、进度、成本控制为原则，合理划分标段，但不得肢解发包工程。如果将应当由一个承包单位完成的工程肢解成若干部分，分别发包给不同的承包单位，将使整个工程建设在管理和技术上缺乏应有的统筹协调，从而造成施工现场秩序的混乱，责任不清，严重影响建设工程质量，一旦出现问题也很难找到责任方。

2. 依法向有关单位提供原始资料

《建设工程质量管理条例》规定，建设单位必须向有关的勘察、设计、施工、工程监理等单位提供与建设工程有关的原始资料。原始资料必须真实、准确、齐全。

原始资料是工程勘察、设计、施工、监理等单位赖以进行相关工程建设的基础性材料。建设单位作为建设活动的总负责方，向有关单位提供原始资料，并保证这些资料的真实、准确、齐全，是其基本的责任和义务。

3. 限制不合理的干预行为

《建筑法》规定，建设单位不得以任何理由，要求建筑设计单位或者建筑施工企业在工程设计或者施工作业中，违反法律、行政法规和建筑工程质量、安全标准，降低工程质量。

《建设工程质量管理条例》进一步规定，建设工程发包单位，不得迫使承包方以低于成本的价格竞标，不得任意压缩合理工期。建设单位不得明示或者暗示设计单位或者施工单位违反工程建设强制性标准，降低建设工程质量。

成本是构成价格的主要部分，是承包方估算投标价格的依据和最低的经济底线。如果建设单位一味强调降低成本，迫使承包方互相压价，以低于成本的价格中标，势必会导致中标单位在承包工程后，为了减少开支、降低成本而采取偷工减料、以次充好、粗制滥造等手段，最终导致建设工程出现质量问题，影响投资效益的发挥。

建设单位也不得任意压缩合理工期。因为，合理工期是指在正常建设条件下，采取科学合理的施工工艺和管理方法，以现行的工期定额为基础，结合工程项目建设的实际，经合理测算和平等协商而确定的使参与各方均获满意的经济效益的工期。如果盲目要求赶工期，势必会简化工序，不按规程操作，从而导致建设工程出现质量等诸多问题。

建设单位更不得以任何理由，诸如建设资金不足、工期紧等，违反强制性标准的规定，要求设计单位降低设计标准，或者要求施工单位采用建设单位采购的不合格材料设备等。这种行为是法律决不允许的。因为，强制性标准是保证建设工程结构安全可靠的基础性要求，违反了这类标准，必然会给建设工程带来重大质量隐患。

4. 依法报审施工图设计文件

《建设工程质量管理条例》规定，建设单位应当将施工图设计文件报县级以上人民政府建设行政主管部门或者其他有关部门审查。施工图设计文件未经审查批准的，不得使用。

施工图设计文件是设计文件的重要内容，是编制施工图预算、安排材料、设备订货和非标准设备制作，进行施工、安装和工程验收等工作的依据。施工图设计文件一经完成，建设工程最终所要达到的质量，尤其是地基基础和结构的安全性就有了约束。因此，施工图设计文件的质量直接影响建设工程的质量。

建立和实施施工图设计文件审查制度，是许多发达国家确保建设工程质量的成功做法。我国于1998年开始进行建筑工程项目施工图设计文件审查试点工作，在节约投资、发现设计质量隐患和避免违法违规行为等方面都有明显的成效。通过开展对施工图设计文件的审查，既可以对设计单位的成果进行质量控制，也能纠正参与建设活动各方特别是建设单位的不规范行为。

5. 依法实行工程监理

《建设工程质量管理条例》规定，下列建设工程必须实行监理。
①国家重点建设工程。
②大中型公用事业工程。
③成片开发建设的住宅小区工程。
④利用外国政府或者国际组织贷款、援助资金的工程。
⑤国家规定必须实行监理的其他工程。

6. 依法办理工程质量监督手续

《建设工程质量管理条例》规定，建设单位在领取施工许可证或者开工报告前，应当按照国家有关规定办理工程质量监督手续。

建设单位办理工程质量监督手续，应提供以下文件和资料。
①工程规划许可证。
②设计单位资质等级证书。
③监理单位资质等级证书，监理合同及《工程项目监理登记表》。
④施工单位资质等级证书及营业执照副本。
⑤工程勘察设计文件。
⑥中标通知书及施工承包合同等。

7. 依法保证建筑材料等符合要求

《建设工程质量管理条例》规定，按照合同约定，由建设单位采购建筑材料、建筑构配件和设备的，建设单位应当保证建筑材料、建筑构配件和设备符合设计文件和合同要求。建设单位不得明示或者暗示施工单位使用不合格的建筑材料、建筑构配件和设备。

8. 依法进行装修工程

随意拆改建筑主体结构和承重结构等，会危及建设工程安全和人民生命财产安全。因此，《建设工程质量管理条例》规定，涉及建筑主体和承重结构变动的装修工程，建设单位应当在施工前委托原设计单位或者具有相应资质等级的设计单位提出设计方案；没有设计方案的，不得施工。房屋建筑使用者在装修过程中，不得擅自变动房屋建筑主体和承重结构。

二、勘测设计单位的质量责任和义务

《建筑法》规定，建筑工程的勘察、设计单位必须对其勘察、设计的质量负责。勘察、设计文件应当符合有关法律、行政法规的规定和建筑工程质量、安全标准、建筑工程勘察、设计技术规范及合同的约定。

《建设工程质量管理条例》进一步规定，勘察、设计单位必须按照工程建设强制性标准进行勘察、设计，并对其勘察、设计的质量负责。注册建筑师、注册结构工程师等注册执业人员应当在设计文件上签字，对设计文件负责。

"谁勘察设计谁负责，谁施工谁负责"这是国际上通行的做法。勘察、设计单位和执业注册人员是勘察设计质量的责任主体，也是整个工程质量的责任主体之一。勘察、设计质量实行单位与执业注册人员双重责任，即勘察、设计单位对其勘察、设计的质量负责，注册建筑师、注册结构工程师等专业人士对其签字的设计文件负责。

1. 依法承揽工程的勘察、设计业务

《建设工程质量管理条例》规定，从事建设工程勘察、设计的单位应当依法取得相应等级的资质证书，并在其资质等级许可的范围内承揽工程。禁止勘察、设计单位超越其资质等级许可的范围或者以其他勘察、设计单位的名义承揽工程。禁止勘察、设计单位允许其他单位或者个人以本单位的名义承揽工程。勘察、设计单位不得转包或者违法分包所承揽的工程。

2. 勘察、设计必须执行强制性标准

《建设工程质量管理条例》规定，勘察、设计单位必须按照工程建设强制性标准进行勘察、设计，并对其勘察、设计的质量负责。

强制性标准是工程建设技术和经验的积累，是勘察、设计工作的技术依据。只有满足工程建设强制性标准才能保证质量，才能满足工程对安全、卫生、环保等多方面的质量要求，因而勘察、设计单位必须严格执行。

3. 勘察单位提供的勘察成果必须真实、准确

《建设工程质量管理条例》规定，勘察单位提供的地质、测量、水文等勘察成果必须真实、准确。

工程勘察工作是建设工作的基础工作，工程勘察成果文件是设计和施工的基础资料和重要依据。其真实准确与否直接影响到设计、施工质量，因而工程勘察成果必须真实准确、安全可靠。

4. 设计依据和设计深度

《建设工程质量管理条例》规定，设计单位应当根据勘察成果文件进行建设工程设计。设计文件应当符合国家规定的设计深度要求，注明工程合理使用年限。

5. 依法规范设计对建筑材料等的选用

《建筑法》《建设工程质量管理条例》都规定，设计单位在设计文件中选用的建筑材料、建筑构配件和设备，应当注明规格、型号、性能等技术指标，其质量要求必须符合国家规定的标准。除有特殊要求的建筑材料、专用设备、工艺生产线等外，设计单位不得指定生产厂、供应商。

6. 依法对设计文件进行技术交底

《建设工程质量管理条例》规定，设计单位应当就审查合格的施工图设计文件向施工单位做出详细说明。

设计文件的技术交底，通常的做法是设计文件完成后，通过建设单位发给施工单位，再由设计单位将设计的意图、特殊的工艺要求，以及建筑、结构、设备等各专业在施工中的难点、疑点和容易发生的问题等向施工单位做详细说明，并负责解释施工单位对设计图纸的疑问。

对设计文件进行技术交底是设计单位的重要义务，对确保工程质量有重要的意义。

7. 依法参与建设工程质量事故分析

《建设工程质量管理条例》规定，设计单位应当参与建设工程质量事故分析，并对因设计造成的质量事故，提出相应的技术处理方案。

工程质量的好坏，在一定程度上就是工程建设是否准确贯彻了设计意图。因此，一旦发生了质量事故，该工程的设计单位最有可能在短时间内发现存在的问题，对事故的分析具有权威性，这对及时进行事故处理十分有利。对因设计造成的质量事故，原设计单位必须提出相应的技术处理方案，这是设计单位的法定义务。

三、工程监理单位的质量责任和义务

工程监理单位接受建设单位的委托，代表建设单位对建设工程进行管理。从事工程建设监理活动，应当遵循守法、诚信、公正、科学的准则。因此，工程监理单位也是建设工程质量的责任主体之一。

1. 在资质许可监理范围承担工程监理业务

《建筑法》规定，工程监理单位应当在其资质等级许可的监理范围内承担工程监理业务。

工程监理单位不得转让工程监理业务。

2. 监理工作的依据和监理责任

《建设工程质量管理条例》规定，工程监理单位应当依照法律、法规及现技术标准、设计文件和建设工程承包合同，代表建设单位对施工质量实施监理，并对施工质量承担监理责任。

3. 工程监理的职责和权限

《建设工程质量管理条例》规定，工程监理单位应当选派具备相应资格的总监理工程师和监理工程师进驻施工现场。未经监理工程师签字，建筑材料、建筑构配件和设备不得在工程上使用或者安装，施工单位不得进行下一道工序的施工。未经总监理工程师签字，建设单位不拨付工程款，不进行竣工验收。

4. 工程监理的形式

《建设工程质量管理条例》规定，监理工程师应当按照工程监理规范的要求，采取旁站、巡视和平行检验等形式，对建设工程实施监理。

第三节　建设工程竣工验收制度

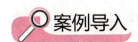

> **工程未经验收，提前使用出现质量问题谁负责**
>
> 某建筑公司与某学校签订一教学楼施工合同，明确施工单位要保质保量保工期完成学校的教学楼施工任务。工程竣工后，承包方向学校提交了竣工报告。学校为了不影响学生上课，还没组织验收就直接投入了使用。使用过程中，校方发现了教学楼存在的墙体开裂等质量问题，要求施工单位修理。施工单位认为工程未经验收，学校提前使用出现质量问题，施工单位认为不应再承担责任。
>
> **案例分析**：本案中的建设法律关系主体是某建筑公司和某学校，客体是施工的教学楼。

单　元　五　建设工程质量管理法律制度

内容是主体双方各自应当享受的权利和应当承担的义务，具体而言是某学校按照合同的约定，承担按时、足额支付工程款的义务，在按合同约定支付工程款后，该学校就有权要求建筑公司按时交付质量合格的教学楼。建筑公司的权利是获取学校的工程款，在享受该项权利后，就应当承担义务，即按时交付质量合格的教学楼给学校，并承担保修义务。

因为校方在未组织竣工验收的情况下就直接投入了使用，违反了工程竣工验收方面的有关法律法规。所以，一般质量问题应由校方承担。但是，若涉及基础与结构等方面的质量问题，还是应按照造成质量缺陷的原因分解责任。因为承包方已向学校提交竣工报告，说明施工单位的自行验收已经通过，学校教学楼仅供学校日常教学使用，不存在不当使用问题，所以，该教学楼的质量缺陷是客观存在的。承包方还是应该承担维修义务，至于产生的费用应由有关责任方承担，协商不成，可请求仲裁或诉讼。

一、建设工程竣工验收的主体与法定条件

工程项目的竣工验收是施工全过程的最后一道工序，也是工程项目管理的最后一项工作。它是项目投资成果转入生产或使用的标志，也是全面考核投资效益、检验设计和施工质量的重要环节。

1. 建设工程竣工验收的主体

《建设工程质量管理条例》规定，建设单位收到建设工程竣工报告后，应当组织设计、施工、工程监理等有关单位进行竣工验收。由此可见，建设工程竣工验收的主体有建设、勘察、设计、施工与工程监理等单位。

对工程进行竣工检查和验收，是建设单位法定的权利和义务。在建设工程完工后，承包单位应当向建设单位提供完整的竣工资料和竣工验收报告，提请建设单位组织竣工验收。建设单位收到竣工验收报告后，应及时组织有设计、施工、工程监理等有关单位参加的竣工验收，检查整个工程项目是否已按照设计要求和合同约定全部建设完成，并符合竣工验收条件。

2. 竣工验收应当具备的法定条件

《建筑法》规定，交付竣工验收的建筑工程，必须符合规定的建筑工程质量标准，有完整的技术经济资料与工程保修书，并具备其他国家规定的竣工条件。建筑工程验收合格后，方可交付使用；未经验收或验收不合格的，不得交付使用。

《建设工程质量管理条例》规定，建设工程竣工验收应当具备下列条件。

①完成建设工程设计和合同约定的各项内容。

②有完整的技术档案和施工管理资料。
③有工程使用的主要建筑材料、建筑构配件和设备的进场试验报告。
④有勘察、设计、施工、工程监理等单位分别签署的质量合格文件。
⑤有施工单位签署的工程保修书。

建设工程经验收合格的，方可交付使用。

二、规划、消防、节能、环保等验收规定

依据我国建设工程质量管理与节能条例规定，建设单位组织完成建筑工程竣工验收外，还应向相关部门申请建设项目的规划、消防、节能、环保等方面的验收，验收合格后才能投入使用。

1. 建设工程的竣工规划验收

《中华人民共和国城市规划法》规定："城市规划行政主管部门可以参加城市规划区内重要建设工程的竣工验收。城市规划区内的建设工程，建设单位应当在竣工验收后六个月内向城市规划行政主管部门报送有关竣工资料。"

建设工程竣工规划验收的主要内容是：审核建设工程是否按批准的《建设工程规划许可证》及其附件、附图确定的内容进行建设，检查规划用地红线范围内的临时建（构）筑物和应拆迁的建（构）筑物是否按规定拆除等。

对符合竣工规划验收建设工程，城市规划行政主管部门核发建设工程规划验收合格证。建设单位或个人取得建设工程规划验收合格证后，方可向房地产行政主管部门申请办理房地产权属登记手续。

2. 建设工程竣工消防验收

《消防法》规定："国务院公安部门规定的大型的人员密集场所和其他特殊建设工程，建设单位应当向公安机关消防机构申请消防验收；其他建设工程，建设单位在验收后应当报公安机关消防机构备案，公安机关消防机构应当进行抽查。"

依法应当进行消防验收的建设工程，未经消防验收或者消防验收不合格的，禁止投入使用；其他建设工程经依法抽查不合格的，应当停止使用。

3. 建设工程竣工环保验收

经修订的《建设项目环境保护管理条例》规定，建设项目竣工后，建设单位应当向审批该建设项目环境影响报告书、环境影响报告表或者环境影响登记表的环境保护行政主管部门，申请该建设项目需要配套建设的环境保护设施竣工验收。

分期建设、分期投入生产或者使用的建设项目，其相应的环境保护设施应当分期验收。

编制环境影响报告书、环境影响报告表的建设项目，其配套建设的环境保护设施经验收合格，方可投入生产或者使用；未经验收或者验收不合格的，不得投入生产或者使用。

4. 建筑工程节能验收

《节约能源法》规定，不符合建筑节能标准的建筑工程，建设主管部门不得批准开工建设；已经开工建设的，应当责令停止施工、限期改正；已经建成的，不得销售或者使用。

《民用建筑节能条例》进一步规定，建设单位组织竣工验收，应当对民用建筑是否符合民用建筑节能强制性标准进行查验；对不符合民用建筑节能强制性标准的，不得出具竣工验收合格报告。

三、工程质量争议处理规定

《建筑法》规定，建筑工程竣工时，屋顶、墙面不得有渗漏、开裂等质量缺陷；对已发现的质量缺陷，建筑施工企业应当修复。

《建设工程质量管理条例》规定，施工单位对施工中出现质量问题的建设工程或者竣工验收不合格的建设工程，应当负责返修。

据此，建设工程竣工时发现的质量问题或者质量缺陷，无论是建设单位的责任还是施工单位的责任，施工单位都有义务进行修复或返修。但是，对于非施工单位原因出现的质量问题或质量缺陷，其返修的费用和造成的损失应由责任方承担。

1. 承包方责任的处理

因施工人的原因致使建设工程质量不符合约定的，发包人有权要求施工人在合理期限内无偿修理或者返工、改建。

如果承包人拒绝修理、返工或改建，《最高人民法院关于审理建设工程施工合同纠纷案件适用法律问题的解释》规定，因承包人的过错造成建设工程质量不符合约定，承包人拒绝修理、返工或者改建，发包人请求减少支付工程款的，应予支持。

2. 发包方责任的处理

《建筑法》规定，建设单位不得以任何理由，要求建筑设计单位或者建筑施工企业在工程设计或者施工作业中，违反法律、行政法规和建筑质量、安全标准，降低工程质量。发包人具有下列情形之一，造成建设工程质量缺陷，应当承担过错责任。

①提供的设计有缺陷。
②提供或者指定购买的建筑材料、建筑构配件、设备不符合强制性标准。
③直接指定分包人分包专业工程。

3. 未经竣工验收擅自使用的处理

在实践中，一些建设单位出于各种原因，往往未经竣工验收就擅自提前占有使用建设工程。为此，《最高人民法院关于审理建设工程施工合同纠纷案件适用法律问题的解释》第 13 条规定，建设工程未经竣工验收，发包人擅自使用后，又以使用部分质量不符合约定为由主张权利的，不予支持；但是承包人应当在建设工程的合理使用寿命内对地基基础工程和主体结构质量承担民事责任。

四、竣工验收备案的规定

《建设工程质量管理条例》规定，建设单位应当自建设工程竣工验收合格之日起 15 日内，将建设工程竣工验收报告和规划、公安消防、环保等部门出具的认可文件或者准许使用文件报建设行政主管部门或者其他有关部门备案。

1. 竣工验收备案的时间及须提交的文件

住房和城乡建设部经修改后发布的《房屋建筑和市政基础设施工程竣工验收备案管理办法》规定，建设单位应当自工程竣工验收合格之日起 15 日内，依照本办法规定，向工程所在地的县级以上地方人民政府建设主管部门备案。建设单位办理工程竣工验收备案应当提交下列文件。

①工程竣工验收备案表。
②工程竣工验收报告。
③法律、行政法规规定应当由规划、环保等部门出具的认可文件或者准许使用文件。
④法律规定应当由公安消防部门出具的对大型的人员密集场所和其他特殊建设工程验收合格的证明文件。
⑤施工单位签署的工程质量保修书。
⑥法规、规章规定必须提供的其他文件。住宅工程还应当提交《住宅质量保证书》和《住宅使用说明书》。

依据建筑节能法规规定，单位工程在办理竣工备案时应提交建筑节能资料，不符合要求的不予备案。

2. 竣工验收备案文件的签收和处理

《房屋建筑和市政基础设施工程竣工验收备案管理办法》规定，备案机关收到建设单位报送的竣工验收备案文件，验证文件齐全后，应当在工程竣工验收备案表上签署文件收讫。工程竣工验收备案表一式两份，一份由建设单位保存，一份留备案机关存档。

工程质量监督机构应当在工程竣工验收之日起 5 日内，向备案机关提交工程质量监督报告。备案机关发现建设单位在竣工验收过程中有违反国家有关建设工程质量管理规定行为的，应当在收讫竣工验收备案文件15日内，责令停止使用，重新组织竣工验收。

《建筑法》《建设工程质量管理条例》均规定，建设工程实行质量保修制度。建设工程质量保修制度是指建设工程竣工经验收后，在规定的保修期限内，因勘察、设计、施工、材料等原因造成的质量缺陷，应当由施工承包单位负责维修、返工或更换，由责任单位负责赔偿损失的法律制度。建设工程质量保修制度对于促进建设各方加强质量管理、保护用户及消费者的合法权益可起到重要的保障作用。

住房和城乡建设部《房屋建筑工程质量保修办法》规定，房屋建筑工程在保修范围和保修期限内出现质量缺陷，施工单位应当履行保修义务。

房屋建筑工程在保修期限内出现质量缺陷，建设单位或者房屋建筑所有人应当向施工单位发出保修通知。施工单位接到保修通知后，应当到现场核查情况，在保修书约定的时间内予以保修。发生涉及结构安全或者严重影响使用功能的紧急抢修事故，施工单位接到保修通知后，应当立即到达现场抢修。

发生涉及结构安全的质量缺陷，建设单位或者房屋建筑所有人应当立即向当地建设行政主管部门报告，采取安全防范措施；由原设计单位或者具有相应资质等级的设计单位提出保修方案，施工单位实施保修，原工程质量监督机构负责监督。

保修完成后，由建设单位或者房屋建筑所有人组织验收。涉及结构安全的，应当报当地建设行政主管部门备案。

3. 质量保修书和最低保修期限的规定

（1）建设工程质量保修书

《建设工程质量管理条例》规定，建设工程承包单位在向建设单位提交工程竣工验收报告时，应当向建设单位出具质量保修书。质量保修书中应当明确建设工程的保修范围、保修期限和保修责任等。

①质量保修范围。《建筑法》规定，建筑工程的保修范围应当包括地基基础工程、主体结构工程、屋面防水工程和其他土建工程，以及电气管线、上下水管线的安装工程，供热、供冷系统工程等项目。

当然，不同类型的建设工程，其保修范围是有所不同的。

②质量保修期限。《建筑法》规定，保修的期限应当按照保证建筑物合理寿命年限内正常使用，维护使用者合法权益的原则确定。

对具体的保修范围和最低保修期限，《建设工程质量管理条例》中做了明确规定。

③质量保修责任。施工单位在质量保修书中，应当向建设单位承诺凡因施工单位原因造成质量问题都应履行保修义务。并制定具体保修措施，如保修的方法、人员及联络办法，保修答复和处理时限，不履行保修责任罚则等。

《房屋建筑工程质量保修办法》规定："施工单位不按工程质量保修书约定保修的，建设单位可以另行委托其他单位保修，由原施工单位承担相应责任。"

需要注意的是，施工单位在建设工程质量保修书中，应当对建设单位合理使用建设工程有所提示。如果是因建设单位或者用户使用不当或擅自改动结构、设备位置，以及不当装修等造成质量问题的，施工单位不承担保修责任；由此而造成的质量受损或者其他用户损失，应当由责任人承担相应的责任。

（2）建设工程质量的最低保修期限

《建设工程质量管理条例》规定，在正常使用条件下，建设工程的最低保修期限如下。

①基础设施工程、房屋建筑的地基基础工程和主体结构工程，最低保修期为设计文件规定的该工程的合理使用年限。

②屋面防水工程、有防水要求的卫生间、房间和外墙面的防渗漏，最低保修期为5年。

③供热与供冷系统，最低保修期为2个采暖期、供冷期。

④电气管线、给排水管道、设备安装和装修工程，最低保修期为2年。其他项目的保修期限由发包方与承包方约定。

建设工程保修期的起始日是竣工验收合格之日。

4. 质量责任的损失赔偿

《建设工程质量管理条例》规定，建设工程在保修范围和保修期限内发生质量问题的，施工单位应当履行保修义务，并对造成的损失承担赔偿责任。

（1）保修义务的责任落实与损失赔偿责任的承担

《房屋建筑工程质量保修办法》规定，保修费用由造成质量缺陷的责任方承担。

施工单位未按照国家有关标准规范和设计要求施工所造成的质量缺陷，由施工单位负责返修并承担经济责任。

在保修期限内，因房屋建筑工程质量缺陷造成房屋所有人、使用人或者第三方人身、财产损害的，房屋所有人、使用人或者第三方可以向建设单位提出赔偿要求。建设单位向造成房屋建筑工程质量缺陷的责任方追偿。

因保修不及时造成新的人身、财产损害，由造成拖延的责任方承担赔偿责任。

《最高人民法院关于审理建设工程施工合同纠纷案件适用法律问题的解释》规定，因保修人未及时履行保修义务，导致建筑物损毁或者造成人身、财产损害的，保修人应当承担赔偿责任。保修人与建筑物所有人或者发包人对建筑物毁损均有过错的，各自承担相应的责任。

《房屋建筑工程质量保修办法》还规定，以下两种情况不属于施工方的保修范围。

①因使用不当或者第三方造成的质量缺陷。

A. 因使用单位使用不当造成的损坏问题，先由施工单位负责维修，其经济责任由使用单位自行负责。

B. 由于设计问题造成的质量缺陷，先由施工单位负责维修，其经济责任按有关规定通过建设单位向设计单位索赔。

C. 因建筑材料、构配件和设备质量不合格引起的质量缺陷，先由施工单位负责维修，其经济责任属于施工单位采购的或经其验收同意的，由施工单位承担经济责任；属于建设单位采购的，由建设单位承担经济责任。

②不可抗力因素造成的质量损坏。因地震、台风、洪水等自然灾害或其他不可抗拒原因造成的损坏问题，先由施工单位负责维修，建设参与各方再根据国家具体政策分担经济责任。

（2）建设工程质量保证金

建设工程质量保证金（保修金）（以下简称保证金）是指发包人与承包人在建设工程承包合同中约定，从应付的工程款中预留，用以保证承包人在缺陷责任期内对建设工程出现的缺陷进行维修的资金。

住房和城乡建设部、财政部于2017年6月20日印发的《建设工程质量保证金管理办法》规定："推行银行保函制度，承包人可以银行保函替代预留保证金。"

①缺陷责任期的确定。所谓缺陷是指建设工程质量不符合工程建设强制性标准、设计文件，以及承包合同的约定。缺陷责任期一般为1年，最长不超过2年，具体可由发承包双方在合同中约定。

缺陷责任期从工程通过竣（交）工验收之日起计算。由于承包人原因导致工程无法按规定期限进行竣（交）工验收的，缺陷责任期从实际通过竣（交）工验收之日起计算。由于发包人原因导致工程无法按规定期限进行竣（交）工验收的，在承包人提交竣（交）工验收报告90天后，工程自动进入缺陷责任期。

②预留保证金的比例。发包人按照合同约定方式预留保证金的，保证金总预留比例不得高于工程价款结算总额的3%。合同约定由承包人以银行保函替代预留保证金的，保函金额不得高于工程价款结算总额的3%。在工程项目竣工前，已经缴纳履约保证金的，发包人不得同时预留工程质量保证金。

缺陷责任期内，由承包人原因造成的缺陷，承包人应负责维修，并承担鉴定及维修费用。如承包人不维修也不承担费用，发包人可按合同约定扣除保证金，由承包人承担违约责任。承包人维修并承担相应费用后，不免除对工程的一般损失赔偿责任。由他人原因造成的缺陷，发包人负责组织维修，承包人不承担费用，且发包人不得从保证金中扣除费用。

③质量保证金的返还。缺陷责任期内，承包人认真履行合同约定的责任，到期后，承包人向发包人申请返还保证金。

发包人在接到承包人返还保证金申请后，应于14日内会同承包人按照合同约定的内容进行核实。如无异议，发包人应当在核实后14日内将保证金返还给承包人，逾期支付的，从逾期之日起，按照同期银行贷款利率计付利息，并承担违约责任。发包人在接到承包人返还保证金申请后 14 日内不予答复，经催告后 14 日内仍不予答复，视同认可承包人的返还保证金申请。

发包人和承包人对保证金预留、返还及工程维修质量、费用有争议，按承包合同约定的争议和纠纷解决程序处理。

单 元 小 结

1. 工程建设标准是工程建设领域制定的共同的、重复使用的技术依据和准则，是指导工程施工与评价建筑产品优劣的尺度，分为国家标准、行业标准、地方标准和企业标准。国家标准、行业标准分为强制性标准和推荐性标准。

2. 建设单位、勘察单位、设计单位、施工单位和监理单位，是建设工程质量五方责任主体，建筑工程质量实行五方管理人员终身负责制。建设行政主管部门对本行政区域内的建设工程质量实施监督管理。

3. 施工单位对建设工程的施工质量负责。建筑工程实行总承包的，工程质量由工程总承包单位负责，总承包单位将建筑工程分包给其他单位的，应当对分包工程的质量与分包单位承担连带责任。

4. 准确地进行工程识图并照图施工是施工方的法定职责。履行好进场材料检验关、工序质量控制关、产品质量验收关是施工方质量管理的核心工作。履行工程质量保修是施工方的法定义务。

建设单位在全过程工程质量控制中处于主导地位，依法履行基本建设程序，把好"程序关"；依法发包工程，把好"合同关"；必须真实、准确地提供建设工程有关的原始资料，把好"资料关"。不随意干预工程的设计、施工与监理业务，把好"廉洁自律关"。

5. 勘察、设计单位必须按照工程建设强制性标准进行勘察、设计，并对其勘察、设计的质量负责。监理单位在其资质等级许可的范围内承担工程监理业务，并对施工质量承担监理责任。

6. 工程施工完工后，建设单位应组织设计、施工、工程监理等有关单位进行竣工验收。验收的条件与程序应符合法律规定。除施工验收外还有建设项目的规划、消防、节能、环保等方面的验收，验收都合格后工程才能投入使用。

单元练习

单项选择题

1. 按照我国对标准的划分，（　　）可分为强制性标准和推荐性标准。

   A. 地方标准　　　　B. 行业标准　　　　C. 技术标准　　　　D. 企业标准

2. 根据《建设工程质量管理条例》，（　　）应按照国家有关规定组织竣工验收，建设工程验收合格的，方可交付使用。

   A. 建设单位　　　　B. 施工单位　　　　C. 监理单位　　　　D. 设计单位

3. （　　）的最低保修期限为设计文件规定的该工程的合理使用年限。

   A. 基础防水工程和基础结构工程　　　　B. 地基基础工程和维护结构工程
   C. 基础防水工程和主体结构工程　　　　D. 地基基础工程和主体结构工程

4. 房屋建筑工程保修期从（　　）计算。

   A. 签订工程保修书之日起　　　　B. 工程保修书中约定之日起
   C. 工程竣工验收合格之日起　　　　D. 工程验收合格交付使用之日起

5. 对于实施监理的工程，应由（　　）按照国家有关规定组织竣工验收。

   A. 工程监理单位　　　　B. 总监理工程师
   C. 建设单位　　　　D. 建设单位和工程监理单位共同

6. 对在保修期限内和保修范围内发生的质量问题，（　　）。

   A. 由质量缺陷的责任方履行保修义务，由建设单位承担保修费用
   B. 由质量缺陷的责任方履行保修义务并承担保修费用
   C. 由施工单位履行保修义务并承担保修费用
   D. 由施工单位履行保修义务，由质量缺陷责任方承担保修费用

7. 建设单位的质量责任和义务，下列叙述错误的是（　　）。

   A. 建设单位应当将工程发包给具有相应资质等级的单位，不得将工程肢解发包
   B. 建设单位应当依法对工程建设项目的勘察、设计、施工、监理，以及与工程建设有关的重要设备、材料等的采购进行招标
   C. 建设单位必须向有关的勘察、设计、施工、工程监理等单位提供与建设工程有关的原始资料。原始资料必须真实、准确、齐全
   D. 建设工程发包单位不得迫使承包方以低于成本的价格竞标，但可以适当压缩合理工期

8. 建设工程监理单位的质量责任和义务，下列叙述不正确的是（　　）。

   A. 工程监理单位应当依法取得相应资质等级的证书，并在其资质等级许可的范围内承担

工程监理业务，不得转让工程监理业务。

B. 工程监理单位不得与被监理工程的建设单位、设计单位有隶属关系或者其他利害关系

C. 工程监理单位应当依照法律、法规及有关技术标准、设计文件和建设工程承包合同，代表政府对施工质量实施监理，并对施工质量承担法律责任

D. 工程监理单位必须选派具备执业注册资格的监理工程师进驻施工现场

9. 某住宅工程，总承包单位与装饰公司签订了装饰分包合同，工程竣工验收时发现：①地基基础处理存在问题；②装饰部分质量存在瑕疵。对上述责任的承担说法正确的是（　　）。

A. 由总承包单位与分包单位承担连带责任

B. 由总承包单位对地基基础问题承担责任，分包单位对装饰部分承担责任

C. 总承包单位与分包单位承担连带责任

D. 总承包单位对地基基础问题负责，总承包单位与分包单位对装饰部分承担连带责任

10. 某住宅小区二期开工建设，其中5号楼用一期工程图纸。施工时承包方发现图纸套用的图集现已作废，则正确的做法是（　　）。

A. 因为图纸已经审查合格，按图施工即可

B. 按现行图集套改后继续施工

C. 由施工单位技术人员修改图纸

D. 向相关单位及时提出

知识拓展：工程建设程序阶段及内容（一）

知识拓展：工程建设程序阶段及内容（二）

单元六

建设工程安全生产法律制度

学习目标

【知识目标】

1. 熟悉建筑企业的安全生产许可证制度、安全教育与培训制度、工伤保险与意外伤害保险等管理制度。

2. 掌握建设单位、勘察设计单位、施工单位、监理单位及相关服务单位等各管理主体依法承担的安全管理责任和建筑施工企业施工现场重大安全生产管理制度。

3. 了解建筑施工安全事故报告与处理程序。

【能力目标】

1. 能够正确区分工程建设各方的责任和义务。

2. 能够严格执行工程安全管理基本制度。

思维导图

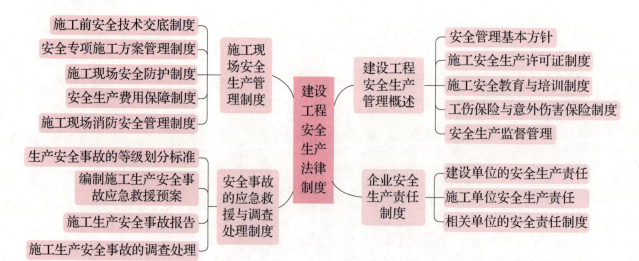

第一节 建设工程安全生产管理概述

安全生产管理的
基本内容

关注湖南省凤凰县堤溪沱江大桥"8.13"坍塌特别重大事故

某年8月13日,湖南省湘西凤凰县正在建设的堤溪沱江大桥第一孔主拱圈支架拆卸完毕,正在1号桥墩下休息人员发现第一孔主拱圈多处开裂、掉渣。掉落砂浆碎块体积越来越大,数量越来越多,掉渣处出现明显裂缝,并落下大块石头。此时,桥台腹拱下方主拱圈局部下沉,该处桥面局部下凹,并迅速破坏下塌。受连拱效应影响,整个大桥迅速坍塌,事故共造成64人死亡。

堤溪沱江大桥是在建凤凰至大兴公路控制性工程之一,其建设单位是××公路建设有限责任公司;施工单位是××路桥建设集团公司;勘察设计单位是湖南××交通规划设计研究院;监理单位是湖南省××监理有限公司。

案例分析:这是一起由工程质量引起的生产安全责任事故。大桥主拱圈材料不能满足施工规范和设计要求,上部构造施工工序不合理,主拱圈砌筑质量差,降低了拱圈砌体的整体性和强度。随着拱上施工荷载的不断增加,造成主拱圈最薄弱部位强度达到破坏极限而垮塌。受连拱效应影响,整个大桥迅速坍塌。事故的发生暴露出施工单位施工管理混乱、建设单位抢工期、监理单位未履行监理职责、勘察设计单位技术服务不到位、政府行业安全监管不力等问题。对于这起特别重大的安全事故,对各参建单位要承担什么样的安全管理责任是本单元需要关注的重要法律问题。

由我们身边发生的建设工程安全生产事故看,对施工现场进行系统化法制化的安全管理势在必行。在工程现场施工的过程中,应该对可能发生的事故隐患和安全问题的环节进行预测,从组织管理和技术上采取有效措施,加强安全法制和管理制度建设,控制好人的不安全行为和物的不安全状态,这也是预防事故发生的关键性因素。

一、安全管理基本方针

新修订的《安全生产法》规定:"安全生产工作应当以人为本,坚持安全发展,坚持'安全第一、预防为主、综合治理'的方针,强化和落实生产经营单位的主体责任,建立生产经营单位负责、职工参与、政府监管、行业自律和社会监督的机制。"

生产经营单位必须遵守本法和其他有关安全生产的法律、法规,加强安全生产管理,建立、健全安全生产责任制和安全生产规章制度,改善安全生产条件,推进安全生产标准化建设,提高安全生产水平,确保安全生产。生产经营单位的主要负责人对本单位的安全生产工作全面负责。生产经营单位的从业人员有依法获得安全生产保障的权利,并应当依法履行安全生产方面的义务。

二、施工安全生产许可证制度

修订的《安全生产许可证条例》规定,国家对矿山企业、建筑施工企业和危险化学品、烟花爆竹、民用爆破物品生产企业(以下统称企业)实行安全生产许可制度。企业未取得安全生产许可证的,不得从事生产活动。

1. 安全生产许可证的申请

《安全生产许可证条例》规定,省、自治区、直辖市人民政府建设主管部门负责建筑施工企业安全生产许可证的颁发和管理,并接受国务院建设主管部门的指导和监督。

安全生产许可证制度(一)

省、自治区、直辖市人民政府民用爆炸物品行业主管部门负责民用爆炸物品生产企业安全生产许可证的颁发和管理,并接受国务院民用爆炸物品行业主管部门的指导和监督。

《建筑施工企业安全生产许可证管理规定》进一步明确,建筑施工企业申请安全生产许可证时,应当向建设主管部门提供下列材料。

安全生产许可证制度(二)

①建筑施工企业安全生产许可证申请表。
②企业法人营业执照。
③与申请安全生产许可证应当具备的安全生产条件相关的文件、材料。

建筑施工企业申请安全生产许可证,应当对申请材料实质内容的真实性负责,不得隐瞒有关情况或者提供虚假材料。

2. 安全生产许可证的政府监管

建设主管部门在审核发放施工许可证时，应当对已经确定的建筑施工企业是否有安全生产许可证进行审查，对没有取得安全生产许可证的，不得颁发施工许可证。

安全生产许可证的有效期为3年。安全生产许可证有效期满需要延期的，企业应当于期满前3个月向原安全生产许可证颁发管理机关办理延期手续。

企业取得安全生产许可证后，不得降低安全生产条件，并应当加强日常安全生产管理，接受安全生产许可证颁发管理机关的监督检查。安全生产许可证颁发管理机关发现企业不再具备安全生产条件的，应当暂扣或者吊销安全生产许可证。企业不得转让、冒用安全生产许可证或者使用伪造的安全生产许可证。

三、施工安全教育与培训制度

针对一些施工单位安全生产教育培训投入不足，一线作业人员安全意识和操作技能普遍不足，往往存在违章作业、冒险蛮干的问题，新修订的《安全生产法》规定，生产经营单位应当对从业人员进行安全生产教育和培训，保证从业人员具备必要的安全生产知识，熟悉有关的安全生产规章制度和安全操作规程，掌握本岗位的安全操作技能，了解事故应急处理措施，知悉自身在安全生产方面的权利和义务。未经安全生产教育和培训合格的从业人员，不得上岗作业。

1. 施工单位三类管理人员与特种作业人员的培训考核

（1）三类管理人员的培训考核

《建设工程安全生产管理条例》规定，施工单位的主要负责人、项目负责人、专职安全生产管理人员应当经建设行政主管部门或者其他部门安全培训考核合格后方可任职。

施工单位的主要负责人要对本单位的安全生产工作全面负责，项目负责人对所负责的建设工程项目的安全生产工作全面负责，安全生产管理人员更要具体承担本单位日常的安全生产管理工作。这三类人员的施工安全知识水平和管理能力直接关系到本单位、本项目的安全生产管理水平。如果这三类人员缺乏基本的施工安全生产知识，施工安全生产管理和组织能力不强，甚至违章指挥，将很可能会导致施工生产安全事故的发生。因此，他们必须经安全生产知识和管理能力考核合格后方可任职。

（2）特种作业人员的培训考核

特种作业人员因其从事直接对本人或他人及其周围设施安全有着重大危害因素的作业，必须经专门的安全作业培训，并取得特种作业操作资格证书后，方可上岗作业。

按照《建设工程安全生产管理条例》的规定，垂直运输机械作业人员、安装拆卸工、爆破作业人员、起重信号工、登高架设作业人员等特种作业人员，必须按照国家有关规定经过专门的安全作业培训，并取得特种作业操作资格证书后，方可上岗作业。

2. 施工单位安全员的安全生产教育培训

《建设工程安全生产管理条例》规定，施工单位应当对管理人员和作业人员每年至少进行一次安全生产教育培训，其教育培训情况记入个人工作档案。安全生产教育培训考核不合格的人员，不得上岗。

施工单位应当根据实际需要，对不同岗位、不同工种的人员进行因人施教。安全教育培训可采取多种形式，包括安全形势报告会、事故案例分析会、安全法制教育、安全技术交流、安全竞赛、师傅带徒弟等。

3. 进入新岗位或者新施工现场前的安全生产教育培训

作业人员进入新的岗位或者新的施工现场前，应当接受安全生产教育培训。未经教育培训或者教育培训考核不合格的人员，不得上岗作业。

由于新岗位、新工地往往各有特殊性，施工单位须对新录用或转场的职工进行安全教育培训，包括施工安全生产法律法规、施工工地危险源识别、安全技术操作规程、机械设备电气及高处作业安全知识、防火防毒防尘防爆知识、紧急情况安全处置与安全疏散知识、安全防护用品使用知识，以及发生事故时自救排险、抢救伤员、保护现场和及时上报等。要加强班组长培训，提高班组长现场安全管理水平和现场安全风险管控能力。

4. 采用新技术、新工艺、新设备、新材料前的安全生产教育培训

《建设工程安全生产管理条例》规定，施工单位在采用新技术、新工艺、新设备、新材料时，应当对作业人员进行相应的安全生产教育培训。

随着我国工程建设和科学技术的迅速发展，越来越多的新技术、新工艺、新设备、新材料被广泛应用于施工生产活动中，大大促进了施工生产效率和工程质量的提高，同时也对施工作业人员的素质提出了更高要求。如果施工单位对所采用的新技术、新工艺、新设备、新材料的了解与认识不足，对其安全技术性能掌握不充分，或是没有采取有效的安全防护措施，没有对施工作业人员进行专门的安全生产教育培训，就很可能会导致事故的发生。因此，施工单位在采用新技术、新工艺、新设备、新材料时，必须对施工作业人员进行专门的安全生产教育培训，并采取保证安全的防护措施，防止发生事故。

四、工伤保险与意外伤害保险制度

新《安全生产法》第48条规定："生产经营单位必须依法参加工伤保险，为从业人员缴纳保险费。"《建筑法》规定，建筑施工企业应当依法为职工参加工伤保险缴纳工伤保险费。鼓励企业为从事危险作业的职工办理意外伤害保险，支付保险费。

据此，工伤保险是强制性保险。意外伤害保险则属于法定的鼓励性保险，其适用范围是施工现场从事危险作业的特殊职工群体，即在施工现场从事高处作业、深基坑作业、爆破作业等危险性较大的施工人员，尽管这部分人员可能已参加了工伤保险，但法律鼓励建筑施工企业再为其办理意外伤害保险，使他们能够比其他职工依法获得更多的权益保障。

1. 工伤保险的规定

2010年12月经修订后颁布的《工伤保险条例》规定，中华人民共和国境内的企业、事业单位、社会团体、民办非企业单位、基金会、律师事务所、会计师事务所等组织和有雇工的个体工商户(以下称用人单位)应当依照本条例规定参加工伤保险，为本单位全部职工或者雇工(以下称职工)缴纳工伤保险费。所有参险的职工均有依法享受工伤保险待遇的权利。

按照《工伤保险条例》规定，职工有下列情形之一的，应当认定为工伤。

①在工作时间和工作场所内，因工作原因受到事故伤害的。
②工作时间前后在工作场所内，从事与工作有关的预备性或者收尾性工作受到事故伤害的。
③在工作时间和工伤场所内，因履行工作职责而受到暴力等意外伤害的。
④患职业病的。
⑤因工外出期间，由于工作原因受到伤害或者发生事故下落不明的。
⑥在上下班途中，受到机动车事故伤害的。
⑦法律、行政法规规定应当认定为工伤的其他情形。

职工有下列情形之一的，视同工伤，并按照本条例的有关规定享受工伤待遇。

①在工作时间和工作岗位，突发疾病死亡或者在48小时之内经抢救无效死亡的。
②在抢险救灾等维护国家利益、公共利益活动中受到伤害的。
③职工原在军队服役，因战、因公负伤致残，已取得革命伤残军人证，到用人单位后旧伤复发的。

保险合同的内容

2. 意外伤害保险制度

近年来，住房和城乡建设部大力推行建筑意外伤害保险制度。该制度的推行，维护了建筑业从业人员的合法权益，特别是保护了农民工权益、转移了企业风险，增强了企业对事故的预防和控制能力，促进了建筑业安全生产，为维护社会稳定、构建和谐社会起到了积极的作用。

(1)意外伤害保险的范围

建筑施工企业为施工现场从事施工作业和管理的人员在施工活动过程中办理的建筑意外伤害保险范围应当覆盖参加工程项目施工的全体人员。已在企业所在地参加工伤保险的人员，从事现场施工时仍可参加建筑意外伤害保险。

(2)意外伤害保险的保险期限

保险期限应涵盖工程项目开工之日到工程竣工验收合格日。提前竣工的，保险责任自行终止；因延长工期的，应当办理保险顺延手续。

(3) 意外伤害保险的保险金额

各地建设行政主管部门要结合本地区实际情况，确定合理的最低保险金额。最低保险金额要能够保障施工伤亡人员得到有效的经济补偿。施工企业办理建筑意外伤害保险时，投保的保险金额不得低于此标准。保险费应当列入建筑安装工程费用。保险费由施工企业支付，施工企业不得向职工摊派。

(4) 意外伤害保险的投保

施工企业应在工程项目开工前，办理完投保手续。工程项目中有分包单位的由总承包施工企业统一办理，分包单位合理承担投保费用。业主直接发包的工程项目由承包企业直接办理。

五、安全生产监督管理

1. 安全生产管理机构

国务院负责安全生产监督管理的部门依照《中华人民共和国安全生产法》的规定，对全国安全生产工作实施综合监督管理。县级以上地方各级人民政府负责安全生产监督管理的部门，对本行政区域内安全生产工作实施综合监督管理。

2. 政府建设行政主管部门对安全施工监督

政府建设行政主管部门应对本行政区域内安全施工现场进行监督检查。建设行政主管部门在审核发放施工许可证时，应当对建设工程是否有安全施工措施进行审查，对没有安全施工措施的，不得颁发施工许可证。

建设行政主管部门或者其他有关部门对建设工程是否有安全施工措施进行审查时，不得收取费用。

县级以上人民政府负有建设工程安全生产监督管理职责的部门在各自的职责范围内履行安全监督检查职责时，有权采取下列措施。

①要求被检查单位提供有关建设工程安全生产的文件和资料。

②进入被检查单位施工现场进行检查。

③纠正施工中违反安全生产要求的行为。

④对检查中发现的安全事故隐患，责令立即排除；重大安全事故隐患排除前或者排除过程中无法保证安全的，责令从危险区域内撤出作业人员或者暂时停止施工。

3. 特种设备安全生产与监督管理

《特种设备安全法》规定，特种设备是指对人身和财产安全有较大危险性的锅炉、压力容器(含气瓶)、压力管道、电梯、起重机械、客运索道、大型游乐设施、场(厂)内专用机动车辆，以及法律、行政法规规定的其他特种设备。特种设备安全工作应当坚持安全第一、预防为主、节能环保、综合治理的原则。国家对特种设备的生产、经营、使用，实施分类的、全过程的安全监督管理。

国务院负责特种设备安全监督管理的部门对全国特种设备安全实施监督管理。县级以上地方各级人民政府负责特种设备安全监督管理的部门对本行政区域内特种设备安全实施监督管理。

《特种设备安全法》规定，国家按照分类监督管理的原则对特种设备生产实行许可制度。特种设备安全管理人员、检测人员和作业人员应当按照国家有关规定取得相应资格，方可从事相关工作。

第二节　企业安全生产责任制度

案例导入

上海闵行区某幢13层在建商品楼整体倒塌事故案例分析

某年6月27日，上海闵行区某幢13层在建商品楼即将竣工，在场外工程土方施工时，房屋一边开挖深基坑，另一边采取高堆土施工布置方案，致使土体产生侧压力致使基础发生滑移，使在建的商住楼发生倒塌事故，造成1名工人死亡，由于此楼尚未竣工交付使用，所以未造成居民伤亡事故，经审价，7号楼土建及安装造价共计人民币669万余元，施工公司在楼屋倒塌后赔偿购房者1 276万余元。

经事故调查组调查，在施工前，项目负责人秦某将"莲花河畔景苑"项目的地下车库分包给不具备开挖土方资质的土方开挖承包人张某进行开挖。秦某为便于土方回填及绿化用土，指使张某将其中的12号地下车库开挖出的土方堆放在7号楼北侧等处。在施工期间，项目管理人员为赶工程进度，在未进行天然地基承载力计算的情况下，仍指使张某开挖该项目0号地下车库的土方，并将土方继续堆放在7号楼北侧等处，堆高最高达10米。作为监理方，有在口头上有制止施工方指令，但出于建设方不予理睬，也没有采取任何措施。由于土体产生侧压力，致使基础发生滑移而引发13层在建商品楼发生倒塌事故。

> **案例分析：** 项目负责人秦某作为项目安全生产第一负责人，未全面履行项目经理依法应当承担的工程质量和施工安全管理责任，审查土方工程的施工方案，任由分包人张某违规进行地下车库土方开挖施工，未按照合同约定履行检查、督促职责，对违规开挖、堆积土方行为不予制止，负有主要安全管理责任。
>
> 对于此事件的发生，施工方要承担主要管理责任，监理方也有不可推卸的责任。虽然此工程的项目总监理自称在违规操作时，有在口头上制止施工方，但出于建设方不予理睬，也没有采取任何措施。作为监理方，工程的质量问题和自己直接挂钩，在出现建设方和施工单位违规操作的时候，不予签任何施工允许的证件同时，还应及时、有效制止和报告主管部门。

根据我国建设法律规定，参与工程项目管理的主体有建设单位、勘察设计单位、施工单位、监理单位及相关检测与设备租赁服务单位等，依据各单位在项目实施过程中安全管理的任务、范围及职责，各管理主体应依法承担相应的安全管理责任。

一、建设单位的安全生产责任

建设单位是建设工程项目的投资主体或管理主体，在整个工程建设中居于主导地位。但长期以来，我国对建设单位的工程项目管理行为缺乏必要的法律约束，对其安全管理责任更没有明确规定，由于建设单位的某些工程项目管理行为不规范，直接或者间接导致施工生产安全事故的发生是有着不少惨痛教训的。为此，《建设工程安全生产管理条例》中明确规定，建设单位必须遵守安全生产法律、法规的规定，保证建设工程安全生产，依法承担建设工程安全生产责任。

1. 依法办理有关施工批准手续

建设单位应当依法向有关部门申请办理施工批准手续。《建筑法》规定，有下列情形之一的，建设单位应当按照国家有关规定办理申请批准手续。

①需要临时占用规划批准范围以外场地的。
②可能损坏道路、管线、电力、邮电通信等公共设施的。
③需要临时停水、停电、中断道路交通的。
④需要进行爆破作业的。
⑤法律、法规规定需要办理报批手续的其他情形。

2. 向施工单位提供真实、准确和完整的有关资料

《建筑法》规定，建设单位应当向建筑施工企业提供与施工现场相关的地下管线资料，建

建设工程安全生产管理

筑施工企业应当采取措施加以保护。

《建设工程安全生产管理条例》进一步规定，建设单位应当向施工单位提供施工现场及毗邻区域内供水、排水、供电、供气、供热、通信、广播电视等地下管线资料，气象和水文观测资料，相邻建筑物和构筑物、地下工程的有关资料，并保证资料的真实、准确和完整。

3. 不得提出降低设计标准和随意压缩合同工期

《建设工程安全生产管理条例》规定，建设单位不得对勘察、设计、施工、工程监理等单位提出不符合建设工程安全生产法律、法规和强制性标准规定的要求，不得压缩合同约定的工期。

4. 按规定支付安全施工措施所需费用

《建设工程安全生产管理条例》规定，建设单位在编制工程概算时，应当确定建设工程安全作业环境及安全施工措施所需费用。多年的实践表明，要保障施工安全生产，必须有合理的安全投入。因此，建设单位在编制工程概算时，就应当合理确定保障建设工程施工安全所需的费用，并依法足额向施工单位提供。

5. 不得要求购买、租赁和使用不符合安全施工要求的用具设备等

《建设工程安全生产管理条例》规定，建设单位不得明示或者暗示施工单位购买、租赁、使用不符合安全施工要求的安全防护用具、机械设备、施工机具及配件、消防设施和器材。

6. 申领施工许可证应当提供有关安全施工措施的资料

按照《建筑法》的规定，申请领取施工许可证应当具备的条件之一，就是"有保证工程质量和安全的具体措施"。

《建设工程安全生产管理条例》进一步规定，建设单位在领取施工许可证时，应当提供建设工程有关安全施工措施的资料。依法批准开工报告的建设工程，建设单位应当自开工报告批准之日起15日内，将保证安全施工的措施报送建设工程所在地的县级以上地方人民政府建设行政主管部门或者其他有关部门备案。

7. 装修工程和拆除工程的规定

《建筑法》规定，涉及建筑主体和承重结构变动的装修工程，建设单位应当在施工前委托原设计单位或者具有相应资质条件的设计单位提出设计方案，没有设计方案的，不得施工。《建筑法》还规定，房屋拆除应当由具备保证安全条件的建筑施工单位承担。

《建设工程安全生产管理条例》进一步规定，建设单位应当将拆除工程发包给具有相应资质等级的施工单位。建设单位应当在拆除工程施工15日前，将下列资料报送建设工程所在地的县级以上地方人民政府建设行政主管部门或者其他有关部门备案。

①施工单位资质等级证明。

②拟拆除建筑物、构筑物及可能危及毗邻建筑的说明。
③拆除施工组织方案。
④堆放、清除废弃物的措施。

实施爆破作业的，应当遵守国家有关民用爆炸物品管理的规定。

二、施工单位安全生产责任

1. 施工单位安全生产的主体责任

《建筑法》与《安全生产法》规定，建筑施工企业是建设工程施工活动的主体，必须加强对施工安全生产活动的管理，承担施工现场安全生产主体责任。企业主要负责人、实际控制人为施工现场安全生产第一责任人，应带头执行现场带班制度，加强现场安全检查。

《建设工程安全生产管理条例》规定，施工单位应当设立安全生产管理机构，配备专职安全生产管理人员。专职安全生产管理人员负责对安全生产进行现场监督检查。发现安全事故隐患，应当及时向项目负责人和安全生产管理机构报告；对违章指挥、违章操作的，应当立即制止。

依据《建筑施工企业安全生产管理机构设置及专职安全生产管理人员配备办法》规定，专职安全生产管理人员的配备应满足下列要求，并应根据企业经营规模、设备管理和生产需要予以增加。

①建筑施工总承包资质序列企业：特级资质不少于6人；一级资质不少于4人；二级和二级以下资质企业不少于3人。

②建筑施工专业承包资质序列企业：一级资质不少于3人；二级和二级以下资质企业不少于2人。

③建筑施工劳务分包资质序列企业：不少于2人。

④建筑施工企业的分公司、区域公司等较大的分支机构应依据实际生产情况配备不少于2人的专职安全生产管理人员。

2. 施工总承包和分包单位的安全生产责任

《建筑法》规定，施工现场安全由建筑施工企业负责。实行施工总承包的，由总承包单位负责。分包单位向总承包单位负责，服从总承包单位对施工现场的安全生产管理。

（1）总承包单位应当承担的法定安全生产责任

施工总承包是由总包施工单位对建设工程施工全面负责。不仅要负责建设工程的施工质量、合同工期、成本控制，还要对施工现场组织和安全生产进行统一协调管理。

①分包合同应当明确总分包双方的安全生产责任。《建设工程安全生产管理条例》规定，

总承包单位依法将建设工程分包给其他单位的，分包合同中应当明确各自的安全生产方面的权利、义务。

施工总承包单位与分包单位的安全生产责任，可分为法定责任和约定责任。所谓法定责任，即法律法规中明确规定的总承包单位、分包单位各自的安全生产责任。所谓约定责任，即总承包单位与分包单位通过协商，在分包合同中约定各自应当承担的安全生产责任。但是，安全生产的约定责任不能与法定责任相抵触。

②统一组织编制建设工程生产安全应急救援预案。建设工程的施工属高风险工作，极易发生安全事故。《建设工程安全生产管理条例》规定，施工单位应当根据建设工程施工的特点、范围，对施工现场易发生重大事故的部位、环节进行监控，制定施工现场生产安全事故应急救援预案。实行施工总承包的，由总承包单位统一组织编制建设工程生产安全事故应急救援预案，工程总承包单位和分包单位按照应急救援预案，各自建立应急救援组织或者配备应急救援人员，配备救援器材、设备，并定期组织演练。

③负责上报施工生产安全事故。《建设工程安全生产管理条例》规定，实行施工总承包的建设工程，由总承包单位依法向有关主管部门报告事故的基本情况。

④自行完成建设工程主体结构的施工。《建设工程安全生产管理条例》规定，总承包单位应当自行完成建设工程主体结构的施工。这是为了落实施工总承包单位的安全生产责任，防止因转包和违法分包等行为导致施工生产安全事故的发生。

⑤承担连带责任。《建设工程安全生产管理条例》规定，总承包单位和分包单位对分包工程的安全生产承担连带责任。该项规定既强化了总承包单位和分包单位双方的安全生产责任意识，也有利于保护受损害者的合法权益。

（2）分包单位应当承担的法定安全生产责任

分包单位法定安全生产责任是就安全管理向总承包单位负责，服从总承包单位对施工现场的安全生产管理。分包单位不服从管理导致生产安全事故的，由分包单位承担主要责任。

对于专业分包的工程现场范围内的安全管理，安全技术、保障措施等由专业分包单位负责。

总承包单位依法对施工现场的安全生产负总责，这就要求分包单位必须服从总承包单位的安全生产管理。在许多工地上，往往有若干分包单位同时在施工，如果缺乏统一的组织管理，很容易发生安全事故。因此，分包单位要服从总承包单位对施工现场的安全生产规章制度、岗位操作要求等安全生产管理，进行安全教育与培训；否则，一旦发生施工安全生产事故，分包单位要承担主要责任。

三、相关单位的安全责任制度

1. 勘察、设计单位相关的安全责任

(1)勘察单位的安全责任

工程勘察、设计作为工程建设前期管理的重要环节，勘察、设计成果的准确性是保障安全施工的前提条件。《建设工程安全生产管理条例》规定，勘察单位应当按照法律、法规和工程建设强制性标准进行勘察，提供的勘察文件应当真实、准确，满足建设工程安全生产的需要。勘察单位在勘察作业时，应当严格执行操作规程，采取措施保证各类管线、设施和周边建筑物、构筑物的安全。

工程勘察是工程建设的先行官。工程勘察成果是建设工程项目规划、选址、设计的重要依据，也是保证施工安全的重要因素和前提条件。因此，勘察单位必须按照法律、法规的规定以及工程建设强制性标准的要求进行勘察，并提供真实、准确的勘察文件，不能弄虚作假。

此外，勘察单位在进行钻孔勘察作业时，易发生损坏地下管线安全事故。为了保证勘察作业的安全，要求勘察人员必须严格执行操作规程，了解地下设施的分布情况，并应采取措施保证各类管线、设施和周边建筑物、构筑物的安全，为保障施工作业人员和相关人员的安全提供必要条件。

(2)设计单位的安全责任

工程设计是工程建设的灵魂。在建设工程项目确定后，工程设计便成为工程建设中最重要、最关键的环节，对安全施工有着重要影响。

①按照法律、法规和工程建设强制性标准进行设计。《建设工程安全生产管理条例》规定，设计单位应当按照法律、法规和工程建设强制性标准进行设计，防止因设计不合理导致生产安全事故的发生。

工程建设强制性标准是工程建设技术和经验的总结与积累，对保证建设工程质量和施工安全起着至关重要的作用。从一些生产安全事故的原因分析，涉及设计单位责任的，主要是没有按照强制性标准进行设计，由于设计得不合理导致施工过程中发生了安全事故。

因此，设计单位在设计过程中必须考虑施工生产安全，严格执行强制性标准。

②提出防范生产安全事故的指导意见和措施建议。《建设工程安全生产管理条例》规定，设计单位应当考虑施工安全操作和防护的需要，对涉及施工安全的重点部位和环节在设计文件中注明，并对防范生产安全事故提出指导意见。采用新结构、新材料、新工艺的建设工程和特殊结构的建设工程，设计单位应当在设计中提出保障施工作业人员安全和预防生产安全事故的措施建议。

设计单位的工程设计文件对保证建设工程结构安全至关重要，特别是对采用新结构、新材料、新工艺的建设工程和特殊结构的建设工程，设计单位应当在设计中提出保障施工作业人员安全和预防生产安全事故的措施建议。在施工单位作业前，设计单位还应当就设计意图、设计文件向施工单位做出说明和技术交底，并对防范生产安全事故提出指导意见。

③对设计成果承担责任。《建设工程安全生产管理条例》规定，设计单位和注册建筑师等注册执业人员应当对其设计成果负责。如果由于设计责任造成事故，设计单位就要依法承担法律责任，还应当对造成的损失进行赔偿。设计方技术负责人、建筑师、结构工程师等注册执业人员应当在设计文件上签字盖章，并承担相应的法律责任。

2. 工程监理、检验检测单位相关的安全责任

（1）工程监理单位的安全责任

工程监理是监理单位受建设单位的委托，依照法律、法规和建设工程监理规范的规定，对工程建设实施的监督管理。但在实践中，一些监理单位只注重对施工质量、进度和投资的监控，不重视对施工安全的监督管理，这就使得施工现场因违章指挥、违章作业而发生的伤亡事故局面未能得到有效控制。因此，须依法加强施工安全监理工作，进一步提高建设工程监理水平。作为监理单位安全管理责任如下。

①对安全技术措施或专项施工方案有审查义务。《建设工程安全生产管理条例》规定，工程监理单位应当审查施工组织设计中的安全技术措施或者专项施工方案是否符合工程建设强制性标准。

深基坑支护与降水工程、土方开挖工程、模板工程、起重吊装工程、脚手架工程、拆除和爆破工程等达到一定规模的危险性较大的分部分项工程，应编制专项施工方案，工程监理单位要对这些安全技术措施和专项施工方案进行审查，重点审查是否符合工程建设强制性标准；对于达不到强制性标准的，应当要求施工单位进行补充和完善。

②对安全施工有巡视检查义务，对存在的安全事故隐患进行处理。作为工程监理单位现场工作人员，应对施工过程进行全过程全方位的安全监督与检查。在实施监理过程中，发现存在安全事故隐患的，应当要求施工单位整改；情况严重的，应当要求施工单位暂时停止施工，并及时报告建设单位。

③对施工单位拒不整改的有依法向主管部门报告的义务。工程监理单位受建设单位的委托，有权要求施工单位对存在的安全事故隐患进行整改；有权要求施工单位暂时停止施工。施工单位拒不整改或者不停止施工的，工程监理单位应当及时依法向有关主管部门报告，不能借此推卸自己的责任。

④承担建设工程安全生产的监理责任。《建设工程安全生产管理条例》规定，工程监理单位和监理工程师应当按照法律、法规和工程建设强制性标准实施监理，并对建设工程安全生产承担监理责任。

工程监理单位有下列行为之一的，责令限期改正；逾期未改正的，责令停业整顿，并处10万元以上30万元以下的罚款；情节严重的，降低资质等级，直至吊销资质证书；造成重大安全事故，构成犯罪的，对直接责任人员，依照刑法有关规定追究刑事责任；造成损失的，依法承担赔偿责任。

① 未对施工组织设计中的安全技术措施或者专项施工方案进行审查的。

② 发现安全事故隐患未及时要求施工单位整改或者暂时停止施工的。

③ 施工单位拒不整改或者不停止施工，未及时向有关主管部门报告的。

④ 未依照法律、法规和工程建设强制性标准实施监理的。

（2）设备检验检测单位的安全责任

《建设工程安全生产管理条例》规定，检验检测机构对检测合格的施工起重机械和整体提升脚手架、模板等自升式架设设施，应当出具安全合格证明文件，并对检测结果负责。

《特种设备安全法》规定，特种设备检验、检测机构及其检验、检测人员应当客观、公正、及时地出具检验、检测报告，并对检验、检测结果和鉴定结论负责。特种设备检验、检测机构及其检验、检测人员在检验、检测中发现特种设备存在严重事故隐患时，应当及时告知相关单位，并立即向负责特种设备安全监督管理的部门报告。

3. 机械设备等单位相关的安全责任

（1）出租机械设备和施工机具及配件单位的安全责任

《建设工程安全生产管理条例》规定，出租的机械设备和施工机具及配件，应当具有生产（制造）许可证、产品合格证。出租单位应当对出租的机械设备和施工机具及配件的安全性能进行检测，在签订租赁协议时，应当出具检测合格证明。禁止出租检测不合格的机械设备和施工机具及配件。

（2）施工起重机械和自升式架设设施安装、拆卸单位的安全责任

《建设工程安全生产管理条例》规定，在施工现场安装、拆卸施工起重机械和整体提升脚手架、模板等自升式架设设施，必须由具有相应资质的单位承担。

《建设工程安全生产管理条例》还规定，安装、拆卸施工起重机械和整体提升脚手架、模板等自升式架设设施，应当编制专项拆装方案、制定安全施工措施，并由专业技术人员现场监督。

《建筑起重机械安全监督管理规定》进一步规定，建筑起重机械使用单位和安装单位应当在签订的建筑起重机械安装、拆卸合同中明确双方的安全生产责任。

安装单位应当按照建筑起重机械安装、拆卸工程专项施工方案及安全操作规程组织安装、拆卸作业。安装单位的专业技术人员、专职安全生产管理人员应当进行现场监督，技术负责人应当定期巡查。

(3)出具自检合格证明、进行安全使用说明、办理验收手续的责任

《建设工程安全生产管理条例》规定，施工起重机械和整体提升脚手架、模板等自升式架设设施安装完毕后，安装单位应当自检，出具自检合格证明，并向施工单位进行安全使用说明，办理验收手续并签字。

《建筑起重机械安全监督管理规定》进一步规定，建筑起重机械安装完毕后，使用单位应当组织出租、安装、监理等有关单位进行验收，或者委托具有相应资质的检验检测机构进行验收。建筑起重机械经验收合格后方可投入使用，未经验收或者验收不合格的不得使用。实行施工总承包的，由施工总承包单位组织验收。

第三节　施工现场安全生产管理制度

案例导入

上海市静安区胶州路教师公寓特别重大火灾事故分析

某年11月15日，上海市静安区胶州路728号公寓大楼发生一起因施工企业违反消防安全管理造成的特别重大火灾事故，电焊工吴某和工人王某在加固胶州路728号公寓大楼10层脚手架的悬挑支架过程中，违规进行电焊作业引发火灾，造成58人死亡、71人受伤，建筑物过火面积12 000平方米，直接经济损失1.58亿元。调查认定，这是一起因施工企业施工现场安全管理违规造成的特别重大安全生产责任事故。经查明事故的原因如下：

直接原因是在胶州路728号公寓大楼节能综合改造项目施工过程中，施工单位施工现场安全管理制度不健全，没有进行明火作业的安全技术交底，施工人员违规在10层电梯前室北窗外进行电焊作业，电焊溅落的金属熔融物引燃下方9层位置脚手架防护平台上堆积的聚氨酯保温材料碎块、碎屑引发火灾。

间接原因：一是建设单位、投标企业、招标代理机构相互串通、虚假招标和转包、违法分包。二是工程项目施工组织管理混乱。三是设计企业、监理机构工作失职。四是上海市、静安区两级建设主管部门对工程项目监督管理缺失。五是静安区公安消防机构对工程项目监督检查不到位。六是静安区政府对工程项目组织实施工作领导不力。

案例分析：根据国务院批复的意见，依照有关规定，对54名事故责任人做出严肃处理，其中26名责任人被移送司法机关依法追究刑事责任，28名责任人受到党纪、政纪处分。同时，责成上海市人民政府和市长分别向国务院作出深刻检查。由上海市安全生产监督管理局对事故相关单位按法律规定的上限给予经济处罚。

建筑施工企业安全生产管理的落脚点在施工现场，施工现场建立与健全各项安全生产防护制度是贯彻执行"安全第一、预防为主、综合治理"的方针重要保障。目前建筑施工企业施工现场重大安全生产管理制度包括：安全技术交底制度、安全专项施工方案管理制度、施工现场安全防护制度、安全生产费用保障制度、施工现场消防安全管理制度等。

一、施工前安全技术交底制度

安全技术交底制度是我国最基本的安全生产管理制度。《建设工程安全生产管理条例》规定，建设工程施工前，施工单位负责项目管理的技术人员应当对有关安全施工的技术要求向施工作业班组、作业人员作出详细说明，并由双方签字确认。

施工前对有关安全施工的技术要求做出详细说明，就是通常说的安全技术交底。它有助于作业班组和作业人员尽快了解工程概况、施工方法、安全技术措施等情况，掌握操作方法和注意事项，以保护作业人员的人身安全。安全技术交底，通常有施工工种安全技术交底、分部分项工程施工安全技术交底、大型特殊工程单项安全技术交底、设备安装工程技术交底，以及采用新工艺、新技术、新材料施工的安全技术交底等。

二、安全专项施工方案管理制度

《建筑法》规定，建筑施工企业在编制施工组织设计时，应当根据建筑工程的特点制定相应的安全技术措施；对专业性较强、复杂、技术难度大的分项工程施工项目，应当编制安全专项施工方案。

1. 安全专项施工方案的编制

《建设工程安全生产管理条例》规定，对下列达到一定规模的危险性较大的分部分项工程应编制专项施工方案，并附具安全验算结果，经施工单位技术负责人、总监理工程师签字后实施，由专职安全生产管理人员进行现场监督。

①基坑支护与降水工程。

②土方开挖工程。

③模板工程。

④起重吊装工程。

⑤脚手架工程。

⑥拆除、爆破工程。

⑦国务院建设行政主管部门或者其他有关部门规定的其他危险性较大的工程。

对以上所列工程中涉及深基坑、地下暗挖工程、高大模板工程的专项施工方案，施工单位还应当组织专家进行论证、审查。

所谓危险性较大的分部分项工程，是指建筑工程在施工过程中存在的、可能导致作业人员群死群伤或造成重大不良社会影响的分部分项工程。危险性较大的分部分项工程安全专项施工方案，是指施工单位在编制施工组织（总）设计的基础上，针对危险性较大的分部分项工程单独编制的安全技术措施文件。

住房和城乡建设部发布的《危险性较大的分部分项工程安全管理办法》中规定，施工单位应当在危险性较大的分部分项工程施工前编制专项方案；对于超过一定规模的危险性较大的分部分项工程，施工单位应当组织专家对专项方案进行讨论论证。

建筑工程实行施工总承包的，专项方案应当由施工总承包单位组织编制。其中，起重机械安装拆卸工程、深基坑工程、附着式升降脚手架等专业工程实行分包的，其专项方案可由专业承包单位组织编制。

2. 安全专项施工方案的审核

专项方案应当由施工单位技术部门组织本单位施工技术、安全、质量等部门的专业技术人员进行审核。经审核合格的，由施工单位技术负责人签字。实行施工总承包的，专项方案应当由总承包单位技术负责人及相关专业承包单位技术负责人签字。不需专家论证的专项方案，经施工单位审核合格后报监理单位，由项目总监理工程师审核签字。

超过一定规模的危险性较大的分部分项工程专项方案应当由施工单位组织召开专家论证会。实行施工总承包的，由施工总承包单位组织召开专家论证会。

专项方案经论证后需做重大修改的，施工单位应当按照论证报告修改，并重新组织专家进行论证。

3. 安全专项施工方案的实施

施工单位应当严格按照专项方案组织施工，不得擅自修改、调整专项方案。如因设计、结构、外部环境等因素发生变化确需修改的，修改后的专项方案应当按规定重新审核。对于超过一定规模的危险性较大工程的专项方案，施工单位应当重新组织专家进行论证与签字。

施工单位应当指定专人对专项方案实施情况进行现场监督和按规定进行监测。发现不按照专项方案施工的，应当要求其立即整改；发现有危及人身安全紧急情况的，应当立即组织作业人员撤离危险区域。施工单位技术负责人应当定期巡查专项方案实施情况。

对于按规定需要验收的危险性较大的分部分项工程，施工单位、监理单位应当组织有关人员进行验收。验收合格的，经施工单位项目技术负责人及项目总监理工程师签字后，方可进入下一道工序。

三、施工现场安全防护制度

《建筑法》规定，建筑施工企业应当在施工现场采取维护安全、防范危险、预防火灾等措施；有条件的，应当对施工现场实行封闭管理。施工现场对毗邻的建筑物、构筑物和特殊作业环境可能造成损害的，建筑施工企业应当采取安全防护措施。

1. 危险部位设置安全警示标志

《建设工程安全生产管理条例》规定，施工单位应当在施工现场入口处、施工起重机械、临时用电设施、脚手架、出入通道口、楼梯口、电梯井口、孔洞口、桥梁口、隧道口、基坑边沿、爆破物及有害危险气体和液体存放处等危险部位，设置明显的安全警示标志。安全警示标志必须符合国家标准。

2. 不同施工阶段和暂停施工应采取的安全施工措施

施工单位应当根据不同施工阶段和周围环境及季节、气候的变化，在施工现场采取相应的安全施工措施。例如，夏季要防暑降温，在特别高温的天气要调整施工时间、改变施工方式等；冬季要防寒防冻，防止煤气中毒，还应专门制定保证施工安全的安全技术措施；夜间施工应有足够的照明，在深坑、陡坡等危险地段应增设红灯标志；雨季和冬季施工时，应对道路采取防滑措施等。

3. 现场临时设施的安全卫生要求

《建设工程安全生产管理条例》规定，施工单位应当将施工现场的办公、生活区与作业区分开设置，并保持安全距离；办公、生活区的选址应当符合安全性要求。职工的膳食、饮水、休息场所等应当符合卫生标准。施工单位不得在尚未竣工的建筑物内设置员工集体宿舍。施工现场使用的装配式活动房屋应当具有产品合格证。

4. 现场周边的安全防护措施

《建设工程安全生产管理条例》规定，施工单位对因建设工程施工可能造成损害的毗邻建筑物、构筑物和地下管线等，应当采取专项防护措施。在城市市区内的建设工程，施工单位应当对施工现场实行封闭围挡。有责任、有义务采取相应的安全防护措施，确保毗邻的建筑物、构筑物和地下管线等不受损坏。

5. 作业的施工现场安全管理

《安全生产法》规定，生产经营单位进行爆破、吊装等危险作业，应当安排专门人员进行现场安全管理，确保操作规程的遵守和安全措施的落实。

爆破、吊装等作业具有较大危险性，很容易发生事故，施工作业人员必须严格按照操作规程进行操作，施工单位也应当会同有关单位采取必要的防范措施，安排专门人员进行作业现场的安全管理。

四、安全生产费用保障制度

施工单位安全生产费用(以下简称安全费用)是指施工单位按照规定标准提取在成本中列支，专门用于完善和改进企业或者施工项目安全生产条件的资金。安全费用按照"企业提取、政府监管、确保需要、规范使用"的原则进行管理。

《安全生产法》规定：生产经营单位应当具备的安全生产条件所必需的资金投入，由生产经营单位的决策机构、主要负责人或者个人经营的投资人予以保证，并对由于安全生产所必需的资金投入不足导致的后果承担责任。有关生产经营单位应当按照规定提取和使用安全生产费用，专门用于改善安全生产条件。安全生产费用在成本中据实列支。

《建设工程安全生产管理条例》规定，施工单位对列入建设工程概算的安全作业环境及安全施工措施所需费用，应当用于施工安全防护用具及设施的采购和更新、安全施工措施的落实、安全生产条件的改善，不得挪作他用。

五、施工现场消防安全管理制度

近年来，施工现场的火灾时有发生，甚至出现了特大恶性火灾事故。因此，施工单位必须建立健全消防安全责任制，加强消防安全教育培训，严格消防安全管理，确保施工现场消防安全。

第四节　安全事故的应急救援与调查处理制度

案例导入

武汉市欢乐大道某工地施工电梯高空坠落重大伤亡事故调查处理

2012年9月13日13时26分,武汉市欢乐大道某工地。刚刚吃完午饭的19名粉刷工搭上施工电梯(升降机)。一分多钟后,电梯突然失控,直冲到100米高程后,在顶层失去约束,呈自由落体状直坠地面。19个工人随笼坠下,全部当场死亡。

事故发生后,施工企业紧急开展了现场伤亡人员的救援工作,并立即向主管部门报告。湖北省政府高度重视,立即启动重大建筑施工安全生产事故应急预案,根据国务院《生产安全事故报告和调查处理条例》等有关法律法规规定,9月14日,省政府成立武汉市"9.13"重大建筑施工事故调查组,认真开展了事故调查工作,聘请了7名专家参与现场勘察取证、技术分析等工作,并委托武汉理工大学和湖北省特种设备检验检测研究院对事故施工升降机进行技术分析和鉴定。

通过现场勘察、调查取证、综合分析,这是一起重大安全事故。查明"9.13"重大建筑施工事故发生的直接原因是:事故发生时,事故施工升降机导轨架第66和67节标准节连接处的4个连接螺栓只有左侧两个螺栓有效连接,而右侧(受力边)两个螺栓的螺母脱落,无法受力。在此工况下,事故升降机左侧吊笼超过备案额定承载人数(12人),承载19人和约245公斤物件,上升到第66节标准节上部(33楼顶部)接近平台位置时,产生的倾翻力矩大于对重体、导轨架等固有的平衡力矩,造成事故施工升降机左侧吊笼顷刻倾翻,并连同67~70节标准节坠落地面。

经调查认定,在该起事故中,施工单位、监理单位、电梯出租等多家单位与负责人负有安全管理责任,武汉市城乡建设委员会等多名事故责任人员受到严肃处理,给予相应的党纪、政纪处分,其中11人被移送司法机关。该案有关责任人移送司法后,东湖高新区法院于2014年8月底作出一审判决:工程总负责人、工地施工负责人、电梯出租公司法人、施工现场安全员、监理公司现场总监、粉刷工程包工头、电梯维修工等7人分别被判处4~5年有期徒刑不等。

案例分析： 上述案例表明，施工现场一旦发生生产安全事故，应当立即实施抢险救援，特别是抢救遇险人员，迅速控制事态，防止伤亡事故进一步扩大，并依法向政府有关部门报告事故。事故调查处理应当坚持实事求是、尊重科学的原则，依据管理权限成立调查小组，及时准确地查清事故经过、事故原因和事故损失，查明事故性质，认定事故责任，总结事故教训，提出整改措施，并对事故责任者依法追究责任。

一、生产安全事故的等级划分标准

依据 2007 年 6 月颁布的《生产安全事故报告和调查处理条例》规定，按照生产安全事故（以下简称事故）造成的人员伤亡或者直接经济损失，事故一般分为以下等级。

①特别重大事故，是指造成 30 人以上死亡，或者 100 人以上重伤（包括急性工业中毒，下同），或者 1 亿元以上直接经济损失的事故。

②重大事故，是指造成 10 人以上 30 人以下死亡，或者 50 人以上 100 人以下重伤，或者 5 000 万元以上 1 亿元以下直接经济损失的事故。

③较大事故，是指造成 3 人以上 10 人以下死亡，或者 10 人以上 50 人以下重伤，或者 1 000 万元以上 5 000 万元以下直接经济损失的事故。

④一般事故，是指造成 3 人以下死亡，或者 10 人以下重伤，或者 1 000 万元以下直接经济损失的事故。

上述所称的"以上"包括本数，所称的"以下"不包括本数。

二、编制施工生产安全事故应急救援预案

目前施工现场安全事故频发，如果施工单位事先做好充分的应急救援准备工作，采用预防技术和管理手段，就可以降低事故发生的可能性，而且一旦发生事故时，还可以在短时间内就组织有效抢救，防止事故扩大，减少人员伤亡和财产损失。

《安全生产法》规定，生产经营单位的主要负责人具有组织制定并实施本单位的生产安全事故应急救援预案的职责。《建设工程安全生产管理条例》进一步规定，施工单位应当制定本单位生产安全事故应急救援预案，建立应急救援组织或者配备应急救援人员，配备必要的应急救援器材、设备，并定期组织演练。

1. 施工生产安全事故应急救援预案的内容

《中华人民共和国突发事件应对法》规定，应急预案应针对突发事件的性质、特点和可能

造成的社会危害，具体规定突发事件应急管理工作的组织指挥体系与职责和突发事件的预防与预警机制、处置程序、应急保障措施，以及事后恢复与重建措施等内容。

《建设工程安全生产管理条例》规定，施工单位应当根据建设工程施工的特点、范围，对施工现场易发生重大事故的部位、环节进行监控，制定施工现场生产安全事故应急救援预案。

2. 施工生产安全事故应急救援预案的评审

《生产安全事故应急预案管理办法》规定，建筑施工单位应当组织专家对本单位编制的应急预案进行评审。评审应当形成书面纪要并附有专家名单。应急预案的评审应当注重应急预案的实用性、基本要素的完整性、预防措施的针对性、组织体系的科学性、响应程序的操作性、应急保障措施的可行性、应急预案的衔接性等内容。施工单位的应急预案经评审后，由施工单位主要负责人签署公布。

3. 施工总分包单位的职责分工

《建设工程安全生产管理条例》规定，实行施工总承包的，由总承包单位统一组织编制建设工程生产安全事故应急救援预案，工程总承包单位和分包单位按照应急救援预案，各自建立应急救援组织或者配备应急救援人员，配备救援器材、设备，并定期组织演练。

三、施工生产安全事故报告

1. 及时报告施工生产安全事故

（1）事故报告的时间要求

《生产安全事故报告和调查处理条例》规定，事故发生后，事故现场有关人员应当立即向本单位负责人报告。单位负责人接到报告后，应当于1小时内向事故发生地县级以上人民政府安全生产监督管理部门和负有安全生产监督管理职责的有关部门报告。情况紧急时，事故现场有关人员可以直接向事故发生地县级以上人民政府安全生产监督管理部门和负有安全生产监督管理职责的有关部门报告。

（2）事故报告的内容要求

《生产安全事故报告和调查处理条例》规定，报告事故应当包括下列内容。

①事故发生单位概况。

②事故发生的时间、地点以及事故现场情况。

③事故的简要经过。

④事故已经造成或者可能造成的伤亡人数（包括下落不明的人数）和初步估计的直接经济损失。

⑤已经采取的措施。

⑥其他应当报告的情况。

其他应当报告的情况,则应根据实际情况而定。如较大以上事故,还应当报告事故所造成的社会影响、政府有关领导和部门现场指挥等有关情况。

(3) 事故补报的要求

《生产安全事故报告和调查处理条例》规定,事故报告后出现新情况的,应当及时补报。自事故发生之日起30日内,事故造成的伤亡人数发生变化的,应当及时补报。道路交通事故、火灾事故自发生之日起7日内,事故造成的伤亡人数发生变化的,应当及时补报。

2. 发生施工生产安全事故后应采取的相应措施

《建设工程安全生产管理条例》规定,发生生产安全事故后,施工单位应当采取措施防止事故扩大,保护事故现场。需要移动现场物品时,应当作出标记和书面记录,妥善保管有关证物。

(1) 组织应急抢救工作

《生产安全事故报告和调查处理条例》规定,事故发生单位负责人接到事故报告后,应当立即启动事故相应应急预案,或者采取有效措施,组织抢救,防止事故扩大,减少人员伤亡和财产损失。

(2) 妥善保护事故现场

事故发生后,有关单位和人员应当妥善保护事故现场以及相关证据,任何单位和个人不得破坏事故现场、毁灭相关证据。因抢救人员、防止事故扩大以及疏通交通等原因,需要移动事故现场物件的,应当作出标志,绘制现场简图并做出书面记录,妥善保存现场重要痕迹、物证。

四、施工生产安全事故的调查处理

《安全生产法》规定,事故调查处理应当按照实事求是、尊重科学的原则,及时、准确地查清事故原因,查明事故性质和责任,总结事故教训,提出整改措施,并对事故责任者提出处理意见。

1. 安全事故调查的管辖

(1) 特别重大事故的调查

《生产安全事故报告和调查处理条例》规定,特别重大事故由国务院或者国务院授权有关部门组织事故调查组进行调查。

(2) 特别重大事故以下的调查

重大事故、较大事故、一般事故分别由事故发生地省级人民政府、设区的市级人民政府、县级人民政府负责调查。

未造成人员伤亡的一般事故,县级人民政府也可以委托事故发生单位组织事故调查组进行调查。

2. 施工生产安全事故的处理

(1)事故处理时限

《生产安全事故报告和调查处理条例》规定,重大事故、较大事故、一般事故,负责事故调查的人民政府应当自收到事故调查报告之日起15日内作出批复;特别重大事故,30日内作出批复,特殊情况下,批复时间可以适当延长,但延长的时间最长不超过30日。

(2)对事故发生单位与相关责任人的处理

有关机关应当按照人民政府的批复,依照法律、行政法规规定的权限和程序,对事故发生单位和有关人员进行行政处罚,对负有事故责任的国家工作人员进行处分。事故发生单位应当按照负责事故调查的人民政府的批复,对本单位负有事故责任的人员进行处理。负有事故责任的人员涉嫌犯罪的,依法追究刑事责任。

单 元 小 结

1. 建筑企业安全生产工作应当以人为本,坚持安全发展,坚持"安全第一、预防为主、综合治理"的方针,实行安全生产许可制度。

2. 施工单位的主要负责人与安全生产管理人员应当经安全培训考核合格后方可任职;特种作业人员取得特种作业操作资格证书后,方可上岗作业。

3. 建筑施工企业应当依法为职工参加工伤保险缴纳工伤保险费。鼓励企业为从事危险作业的职工办理意外伤害保险,支付保险费。

4. 建设单位是建设工程项目的投资主体或管理主体,为安全管理提供最基础的保障条件;施工企业是建设工程施工活动的主体,承担施工现场安全生产主体责任。工程勘察、设计单位对勘察、设计成果的准确性负责,并承担安全技术设计责任。工程监理单位有对安全方案审查、施工现场安全检查、处理与拒不执行进行上报等安全责任。

5. 建筑起重机械安装完毕后,使用单位应当组织出租、安装、监理等有关单位进行验收,验收合格后方可投入使用。

6. 施工现场重大安全生产管理制度有：安全技术交底制度、安全专项施工方案管理制度、施工现场安全防护制度、安全生产费用保障制度、施工现场消防安全管理制度等。

7. 施工生产企业编制安全事故应急救援预案；及时报告施工生产安全事故；组织应急抢救工作，对事故发生单位与相关责任人的依法进行处理。

单元练习

单项选择题

1. 王某被任命为一大型工程的施工项目经理，关于其安全职责的表述错误的是（　　）。

A. 应当制定安全生产规章制度

B. 落实安全生产责任制、安全生产规章制度和操作规程

C. 确保安全生产费用的有效使用

D. 制定安全施工措施，清除安全事故隐患

2. 作业人员李某在脚手架上施工时，发现部分扣架松动而可能倒塌，故停止了作业，这属于李某在行使（　　）。

A. 拒绝权　　　　　B. 知情权　　　　　C. 紧急避险权　　　　　D. 检举权

3. 某高层建筑在地下桩基施工中，基坑发生坍塌，造成10人死亡，直接经济损失900余万元。本次事故属于（　　）。

A. 重大事故　　　　B. 特别重大事故　　　C. 较大事故　　　　　D. 一般事故

4. 下列选项中不属于建设单位的安全责任的是（　　）。

A. 对安全技术措施或专项施工方案进行审查

B. 需要进行爆破作业时办理相关批准手续

C. 编制工程概算时确定建设工程安全费用

D. 申领施工许可证

5. 监理单位审查安全技术措施和专项施工方案的重点是（　　）。

A. 符合建设单位的要求　　　　　　　B. 符合合同约定

C. 符合工程建设强制性标准　　　　　D. 符合监理要求

6. 中央管理的建筑施工企业下属的建筑施工企业，应当向（　　）申请领取安全生产许可证。

A. 国务院建设主管部门

B. 北京市人民政府建设主管部门

C. 企业注册所在地省、自治区、直辖市人民政府建设主管部门

D. 企业承建项目所在地省、自治区、直辖市人民政府安全生产监督管理部门

7. 甲建筑工企业在 2008 年 5 月仍在持 2005 年 1 月 1 日颁发的安全生产许可证进行施工，收到有关部门查处。有关部门对甲的正确处理方式是(　　)。

A. 允许其继续施工，限期补办延期手续

B. 允许其继续施工，但处以 50 万元罚款

C. 责令停止施工，限期补办延期手续，没收违法所得，并处以 5 万元以上 10 万元以下罚款

D. 责令停业整顿，限期补办延期手续，并处以 10 万元以上 50 万元以下罚款

8. 某建筑施工企业在 2005 年 2 月 1 日办理的安全生产许可证，应在(　　)向原发证机关办理延期手续。

A. 2007 年 2 月 1 日　　B. 2008 年 1 月 31 日　　C. 2008 年 2 月 1 日　　D. 2008 年 3 月 1 日

9. 工程监理单位在实施监理过程中，发现存在安全施工隐患且情况严重的，应当(　　)。

A. 要求施工单位整改

B. 要求施工单位采取有效措施保证生产安全

C. 要求施工单位暂时停止施工，并及时报告建设单位

D. 直接向有关主管部门报告

10.《危险性较大的分部分项工程安全管理办法》规定，超过一定规模的危险性较大的分部分项工程专项方案，应当由(　　)组织召开专家论证会。

A. 建设单位　　　　B. 设计单位　　　　C. 施工单位　　　　D. 第三方单位

单元七

环境保护与节约能源法律制度

学习目标

【知识目标】

1. 熟悉我国环境保护基本制度。
2. 掌握施工现场噪声污染防治，废气、废水污染防治，固体废物污染防治等环境保护法律规定；民用建筑节能法律规定等。
3. 了解违反环境保护与民用建筑节能法规应承担的法律责任等。

【能力目标】

1. 能够明确建设工程环境保护的含义，能够掌握建设项目环境影响评价制度、建设工程施工节能制度。
2. 能够熟练应用《水污染防治法》《固定废物污染环境防治法》《大气污染环境防治法》和《环境噪声污染防治法》。

思维导图

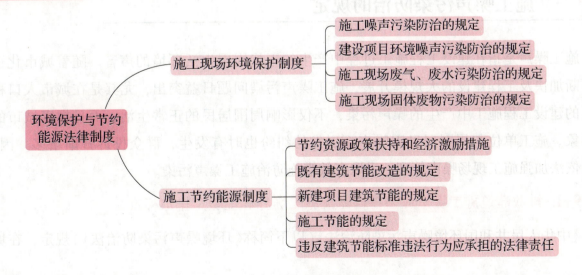

第一节　施工现场环境保护制度

> **工程项目夜间机械施工噪声扰民如何处理?**
>
> 某城区夜间11时，某市城管执法部门接到居民投诉，称某项目工地有夜间打桩机械施工噪声扰民情况，严重影响了周围居民的休息。执法人立刻赶赴施工现场，并在施工场界进行了噪声检测。经现场核验勘查：施工噪声主要是打桩机等设备的施工作业噪声，施工场界噪声经测试为75dB(A)。通过调查，执法人员核实了此次夜间施工作业不属于抢修、抢险作业，施工单位也未办理夜间施工手续并公告周围居民。接到投诉的环保部门对施工单位的夜间施工作业行为应如何处理呢？施工单位的夜间打桩施工作业行为是否构成了环境噪声污染违法行为？这是本节要学习的法律问题。

我国建筑与安全生产法规规定：建筑施工企业应当遵守有关环境保护法律、法规的规定，在施工现场采取措施，防止或者减少粉尘、废气、废水、固体废物、噪声、振动和施工照明对人和环境的危害和污染。

一、施工噪声污染防治的规定

施工噪声是指在建设工程施工过程中产生的干扰周围生活环境的声音。随着城市化进程的不断加快及工程建设的大规模开展，施工噪声污染问题日益突出，尤其是在城市人口稠密地区的建设工程施工中产生的噪声污染，不仅影响周围居民的正常生活，而且损害城市的环境形象。施工单位与周围居民因噪声而引发的纠纷也时有发生，群众投诉日渐增多。因此，应当依法加强施工现场噪声管理，采取有效措施防治施工噪声污染。

1. 排放建筑施工噪声应当符合建筑施工场界环境噪声排放标准

《中华人民共和国环境噪声污染防治法》(以下简称《环境噪声污染防治法》)规定，在城市市区范围内向周围生活环境排放建筑施工噪声的,应当符合国家规定的建筑施工环境噪声排放标准。

所谓噪声排放,是指噪声源向周围生活环境辐射噪声。《建筑施工场界环境噪声排放标准》规定,建筑施工过程中场界环境噪声不得超过规定的排放限值。建筑施工场界环境噪声排放限值,昼间70dB(A),夜间55dB(A)。夜间噪声最大声级超过限值的幅度不得高于15dB(A)。dB是英文Decibel的缩写,是噪声分贝单位。"昼间"是指6:00至22:00之间的时段;"夜间"是指22:00至次日6:00之间的时段。

2. 施工中可能产生环境噪声污染必须申报

《环境噪声污染防治法》规定,在城市市区范围内,建筑施工过程中使用机械设备,可能产生环境噪声污染的,施工单位必须在工程开工15日以前向工程所在地县级以上地方人民政府环境保护行政主管部门申报该工程的项目名称、施工场所和期限、可能产生的环境噪声值以及所采取的环境噪声污染防治措施的情况。

国家对环境噪声污染严重的落后设备实行淘汰制度。国务院经济综合主管部门应当会同国务院有关部门公布限期禁止生产、禁止销售、禁止进口的环境噪声污染严重的设备名录。

3. 在噪声敏感建筑物集中区域禁止夜间施工作业

《环境噪声污染防治法》规定,在城市市区噪声敏感建筑物集中区域内,禁止夜间进行产生环境噪声污染的建筑施工作业,但抢修、抢险作业和因生产工艺上要求或者特殊需要必须连续作业的除外。因特殊需要必须连续作业的,必须有县级以上人民政府或者其有关主管部门的证明。以上规定的夜间作业,必须公告附近居民。

所谓噪声敏感建筑物集中区域,是指医疗区、文教科研区和以机关或者居民住宅为主的区域。

所谓噪声敏感建筑物,是指医院、学校、机关、科研单位、住宅等需要保持安静的建筑物。

《环境噪声污染防治法》规定,县级以上人民政府环境保护行政主管部门和其他环境噪声污染防治工作的监督管理部门、机构,有权依据各自的职责对管辖范围内排放环境噪声的单位进行现场检查。

被检查的单位必须如实反映情况,并提供必要的资料。检查部门、机构应当为被检查的单位保守技术秘密和业务秘密。检查人员进行现场检查,应当出示证件。

二、建设项目环境噪声污染防治的规定

《环境噪声污染防治法》规定,新建、改建、扩建的建设项目,可能产生环境噪声污染的,

建设单位必须提出环境影响报告书，规定环境噪声污染的防治措施，并按照国家规定的程序报环境保护行政主管部门批准。环境影响报告书中，应当有该建设项目所在地单位和居民的意见，并将环境影响报告书对外公布。

建设项目的环境噪声污染防治设施必须与主体工程同时设计、同时施工、同时投产使用，并符合经批准的环境影响评价文件的要求，不得擅自拆除或者闲置。例如城市的高架桥建设中经过住宅生活区时应同时建设隔声屏障等设施。

建设项目在投入生产或者使用之前，其环境噪声污染防治设施必须经原审批环境影响报告书的环境保护行政主管部门验收；达不到国家规定要求的，该建设项目不得投入生产或者使用。

三、施工现场废气、废水污染防治的规定

大气污染通常是指由于人类活动或自然过程引起粉尘、有害气体进入大气中，呈现了足够的浓度，并危害了人类的身体健康现象。因此，必须对大气污染物的排放总量加强有效控制和防治。

1. 施工现场大气污染的防治

《中华人民共和国大气污染防治法》（以下简称《大气污染防治法》）规定，城市人民政府应当采取绿化责任制、加强建设施工管理、扩大地面铺装面积、控制渣土堆放和清洁运输等措施，提高人均占有绿地面积，减少市区裸露地面和地面尘土，防治城市扬尘污染。

在城市市区进行建设施工或者从事其他产生扬尘污染活动的单位，必须按照当地环境保护的规定，采取防治扬尘污染的措施。运输、装卸、储存能够散发有毒有害气体或者粉尘物质的，必须采取密闭措施或者其他防护措施。

在人口集中地区存放煤炭、煤矸石、煤渣、煤灰、砂石、灰土等物料，须采取防燃、防尘措施，防止污染大气，严格限制向大气排放含有毒物质的废气和粉尘。确需排放的，必须经过净化处理，不超过规定的排放标准。

施工现场大气污染的防治，重点是防治扬尘污染。原建设部颁发的《绿色施工导则》规定如下。

①运送土方、垃圾、设备及建筑材料等，不得污损场外道路。运输容易散落、飞扬、流漏的物料的车辆，必须采取措施封闭严密，保证车辆清洁。施工现场入口应设置洗车槽。

②土方作业阶段，采取洒水、覆盖等措施，达到作业区目测扬尘高度小于1.5米，不扩散到场区外。

③结构施工、安装装饰装修阶段，作业区目测扬尘高度小于0.5米。对易产生扬尘的堆放材料应采取覆盖措施；对粉末状材料应封闭存放；场区内可能引起扬尘的材料及建筑垃圾搬

运应有降尘措施，如覆盖、洒水等；浇筑混凝土前清理灰尘和垃圾时尽量使用吸尘器等。

④施工现场非作业区达到目测无扬尘的要求。对现场易飞扬物质采取有效措施，如洒水、地面硬化、围挡、密网覆盖、封闭等，防止扬尘产生。

⑤构筑物机械拆除与爆破前，做好扬尘控制计划等。

2. 施工现场水污染的防治

目前，在我国由于经济高速发展，各地江河、湖泊、地下水等水体资源被污染的现象非常严重，水污染防治工作面临严峻考验。

根据我国水污染防治相关法律规定，水污染防治应当以坚持"预防为主，防治结合，综合治理"的原则，优先保护饮用水水源，严格控制工业污染、减少城镇生活污染，预防农业水源污染，积极推进生态治理工程建设，预防、控制和减少水环境污染和生态破坏。

（1）施工现场达标排放水污染物申报的规定

《中华人民共和国水污染防治法》（以下简称《水污染防治法》）规定："直接或者间接向水体排放污染物的企业事业单位和个体工商户，应当按照国务院环境保护主管部门的规定，向县级以上地方人民政府环境保护主管部门申报登记拥有的水污染物排放设施、处理设施和在正常作业条件下排放水污染物的种类、数量和浓度，并提供防治水污染方面的有关技术资料。"

排放水污染物不得超过国家或地方规定的水污染物排放标准和重点水污染物排放总量控制指标。

（2）禁止排放的水污染物规定

①禁止向水中排放油类、酸液、碱液或者剧毒废液。禁止在水体清洗装贮过油类或者有毒污染物的车辆和容器。禁止向水体排放、倾倒放射性固体废物或者含有高放射性和中放射性物质的废水。

②禁止向水体排放、倾倒工业废渣、城镇垃圾和其他废弃物。禁止将含有汞、镉、砷、铬、铅、氰化物、黄磷等的可溶性剧毒废渣向水体排放、倾倒或者直接埋入地下。存放可溶性剧毒废渣的场所，应当采取防水、防渗漏、防流失的措施。禁止在江河、湖泊、运河、渠道、水库最高水位线以下的滩地和岸坡堆放、存贮固体废弃物和其他污染物。

③在饮用水水源保护区内，禁止设置排污口。在风景名胜区水体、重要渔业水体和其他具有特殊经济文化价值的水体的保护区内，不得新建排污口。在保护区附近新建排污口，应当保证保护区水体不受污染。

④禁止利用渗井、渗坑、裂隙和溶洞排放、倾倒含有毒污染物的废水、含病原体的污水和其他废弃物。禁止利用无防渗漏措施的沟渠、坑塘等输送或者存贮含有毒污染物的废水、含病原体的污水和其他废弃物。

（3）施工过程对城市地下排水与污水处理设施的保护

建设工程开工前，建设单位应当查明工程建设范围内地下排水与污水处理设施的相关情况。《城镇排水与污水处理条例》规定，有关单位从事爆破、钻探、打桩、顶进、挖掘、取土等可能影响城镇排水与污水处理设施安全的活动的，建设单位应当与施工单位、设施维护运营单位共同制定设施保护方案，并采取相应的安全保护措施。因工程建设需要拆除、改动城镇排水与污水处理设施的，建设单位应当制定拆除、改动方案，报城镇排水主管部门审核，并承担重建、改建和采取临时措施的费用。

(4) 建设项目的水污染防治设施配套建设

建设项目的水污染防治设施，应当与主体工程同时设计、同时施工、同时投入使用。项目的水污染防治设施，应当经过环境保护部门的验收，验收不合格的，不得投入使用。

四、施工现场固体废物污染防治的规定

固体废物污染环境是指固体废物在产生、收集、贮存、运输、利用、处置的过程中产生的危害环境的现象。2013年修订的《中华人民共和国固体废物污染环境防治法》（以下简称《固体废物污染环境防治法》）规定，国家对固体废物污染环境的防治，实行减少固体废物的产生量和危害性、充分合理利用固体废物和无害化处置固体废物的原则，促进清洁生产和循环经济发展。

施工现场的固体废物主要是建筑垃圾和生活垃圾。固体废物又分为一般固体废物和危险废物。所谓危险废物，是指列入国家危险废物名录或者根据国家规定的危险废物鉴别标准和鉴别方法认定的具有危险特性的固体废物。

1. 对一般固体废物处理规定

《固体废物污染环境防治法》规定，产生固体废物的单位和个人，应当采取措施，防止或者减少固体废物对环境的污染。

收集、贮存、运输、利用、处置固体废物的单位和个人，必须采取防扬散、防流失、防渗漏或者其他防止污染环境的措施；不得擅自倾倒、堆放、丢弃、遗撒固体废物。禁止任何单位或者个人向江河、湖泊、运河、渠道、水库及其最高水位线以下的滩地和岸坡等法律、法规规定禁止倾倒、堆放废弃物的地点倾倒、堆放固体废物。

转移固体废物出省、自治区、直辖市行政区域贮存、处置的，应当向环境保护行政主管部门提出申请，未经批准的，不得转移。

第十二届全国人民代表大会常务委员会第三次会议决定对《中华人民共和国固体废物污染环境防治法》第四十四条修改为："禁止擅自关闭、闲置或者拆除生活垃圾处置的设施、场所；确有必要关闭、闲置或者拆除的，必须经所在地的市、县人民政府环境卫生行政主管部门和环境保护行政主管部门核准，并采取措施，防止污染环境。"

2. 施工现场固体废物处理

工程施工单位应当及时清运工程施工过程中产生的固体废物，并按照环境卫生行政主管部门的规定进行利用或者处置。

根据修订后的《城市市容和环境卫生管理条例》规定，任何单位和个人都不得在街道两侧和公共场地堆放物料，搭建建筑物、构筑物或者其他设施。因建设等特殊需要，在街道两侧和公共场地临时堆放物料，搭建非永久性建筑物、构筑物或者其他设施的，必须征得城市人民政府市容环境卫生行政主管部门同意后，按照有关规定办理审批手续。

城市的工程施工现场的材料、机具应当堆放整齐，渣土应当及时清运；临街工地应当设置护栏或者围布遮挡；停工场地应当及时整理并做必要的覆盖；竣工后，应当及时清理和平整场地。

《绿色施工导则》规定，对施工现场固体废物应采取减量化处理和回收再利用的措施，并制定建筑垃圾减量化处理与回收再利用计划，如住宅建筑，每万平方米的建筑垃圾不宜超过400吨。对于碎石类、土石方类建筑垃圾，可采用地基填埋、铺路等方式提高再利用率，力争再利用率大于50%。

施工现场生活区设置封闭式垃圾容器，施工场地生活垃圾实行袋装化，及时清运。对建筑垃圾进行分类，并收集到现场封闭式垃圾站，集中运出。

3. 危险废物污染环境防治的特别规定

对危险废物的容器和包装物，以及收集、贮存、运输、处置危险废物的设施、场所，必须设置危险废物识别标志。以填埋方式处置危险废物不符合国务院环境保护行政主管部门规定的，应当缴纳危险废物排污费。危险废物排污费用于污染环境的防治，不得挪作他用。

禁止将危险废物提供或者委托给无经营许可证的单位从事收集、贮存、利用、处置的经营活动。运输危险废物必须采取防止污染环境的措施，并遵守国家有关危险货物运输管理的规定。禁止将危险废物与旅客在同一运输工具上载运。

收集、贮存、运输、处置危险废物的场所、设施、设备和容器、包装物及其他物品转作他用时，必须经过消除污染的处理，方可使用。

产生、收集、贮存、运输、利用、处置危险废物的单位，应当制定意外事故的防范措施和应急预案，并向所在地县级以上地方人民政府环境保护行政主管部门备案；环境保护行政主管部门应当进行检查。因发生事故或者其他突发性事，造成危险废物严重污染环境的单位，必须立即采取措施消除或者减轻对环境的污染危害，及时通报可能受到污染危害的单位和居民，并向所在地县级以上地方人民政府环境保护行政主管部门和有关部门报告，接受调查处理。

第二节　施工节约能源制度

未履行建筑节能规定处罚案

目前，施工单位违反建筑节能强制性标准的情况还时有发生。按照建筑节能规范及强制性标准施工的意识不够强，施工随意性比较大，施工过程中不按节能图施工、降低标准、偷工减料的情况还时有发生。如以下2家施工单位在工程外墙节能施工中，原外墙保温材料设计厚度为35mm的胶粉聚苯颗粒外墙保温层，而施工单位在实际施工中却将其擅自减少外墙保温材料厚度，受到了处罚。

（1）某建工集团有限公司承建的某高级职业中学图书信息大楼工程，外墙保温材料设计厚度为35mm的胶粉聚苯颗粒。在实际施工中，施工单位为了降低成本，擅自减少外墙保温材料厚度。经建管部门节能验收检查发现墙体保温隔热材料厚度不足，不符合《建筑节能工程施工质量验收标准》（GB 50411—2019）的规定，设计外墙胶粉聚苯颗粒厚度35mm，施工方案和监理细则按20mm施工。经抽查发现东西墙厚度不足35mm，南北墙节能保温还未施工，违反了《民用建筑节能条例》第15条和第16条规定，对施工单位处罚款20万元，并责令依法整改。

（2）武汉市某建筑安装公司承包的某大学教学楼工程，质量检查部门在外墙保温分项工程验收中发现：①外墙保温厚度不符合设计图纸要求。②未见墙体保温材料复试报告。③未见节能专项施工方案及监理审批文件。上述行为违反了《建筑节能工程施工质量验收标准》（GB 50411—2019）强制性标准的规定，当地质检部门对施工单位处罚30万元。

案例分析：以上项目由于监理单位把关不严，部分监理人员素质偏低且缺乏责任心，没有针对建筑节能要求编制相应的监理实施细则，不能督促施工单位严格按照施工图纸进行节能施工。对施工单位违规进行节能设计变更的行为，未发出监理通知书或停工通知。建管部门做出了对监理单位罚款10万元，并责令上述责任单位依法整改。

第二节　施工节约能源制度

能源是指煤炭、石油、天然气、生物质能和电力、热力以及其他直接或者通过加工、转换而取得有用能的各种资源。国家完善节约能源法律制度是为了推动全社会节约能源，提高能源利用效率，保护和改善环境，促进经济社会全面协调可持续发展。加强用能管理，采取技术上可行、经济上合理以及环境和社会可以承受的措施，从能源生产到消费的各个环节，降低消耗、减少损失和污染物排放、制止浪费，有效、合理地利用能源。

《中华人民共和国节约能源法》（以下简称《节约能源法》）规定，节约资源是我国的基本国策。国家实施节约与开发并举、把节约放在首位的能源发展战略。

一、节约资源政策扶持和经济激励措施

《节约能源法》规定，用能单位应当按照合理用能的原则，加强节能管理，制定并实施节能计划和节能技术措施，降低能源消耗。建立节能目标责任制，对节能工作取得成绩的集体、个人给予奖励。

在工程建设领域，节约能源主要包括建筑节能和施工节能两个方面。

建筑节能是解决建设项目建成后使用过程中的节能问题。2008年8月颁布的《民用建筑节能条例》规定："民用建筑节能，是指在保证民用建筑使用功能和室内热环境质量的前提下，降低其使用过程中能源消耗的活动。"施工节能则是要解决施工过程中的节约能源问题，如《绿色施工导则》规定，绿色施工是指工程建设中，在保证质量、安全等基本要求的前提下，通过科学管理和技术进步，最大限度地节约资源与减少对环境负面影响的施工活动，实现"四节一环保"（节能、节地、节水、节材和环境保护）。

《民用建筑节能条例》规定的政策扶持和经济激励措施体现为以下三个方面。

1. 资金支持

有关政府应当安排民用建筑节能资金，用于支持民用建筑节能的科学技术研究和标准制定、既有建筑围护结构和供热系统的节能改造、可再生能源的应用，以及民用建筑节能示范工程、节能项目的推广。

2. 金融扶持

政府应当引导金融机构对既有建筑节能改造、可再生能源的应用，以及民用建筑节能示范工程等项目提供资金支持。

3. 税收优惠

应明确民用建筑节能项目依法享受税收优惠。

二、既有建筑节能改造的规定

1. 既有建筑节能改造的原则

既有建筑节能改造是指对不符合民用建筑节能强制性标准既有建筑的围护结构、供热系统、采暖制冷系统、照明设备和热水供应设施等实施节能改造的活动。《民用建筑节能条例》规定,既有建筑节能改造应当根据当地经济、社会发展水平和地理气候条件等实际情况,有计划、分步骤地实施分类改造。

2. 对既有建筑节能改造的管理

《民用建筑节能条例》规定,县级以上地方人民政府建设主管部门应当对本行政区域内既有建筑的建设年代等组织调查统计和分析,并制订既有建筑节能改造计划,报本级人民政府批准后组织实施。

3. 既有建筑节能改造的标准和要求

《民用建筑节能条例》规定,实施既有建筑节能改造,应当符合民用建筑节能强制性标准,优先采用遮阳、改善通风等低成本改造措施。

4. 既有建筑节能改造费用的负担方式

《民用建筑节能条例》规定,居住建筑和公益事业使用的公共建筑的节能改造费用由政府、建筑所有权人共同负担。

三、新建项目建筑节能的规定

《节约能源法》规定,国家实行固定资产投资项目节能评估和审查制度。不符合强制性节能标准的项目,依法负责项目审批或者核准的机关不得批准或者核准建设,建设单位不得开工建设;已经建成的,不得投入生产、使用。

目前存在施工单位不按照民用建筑节能强制性标准施工,建设单位擅自变更设计等问题,部分设计单位还存在未按标准进行节能设计,如设计深度不够,采用的节能材料未标明设计参数、技术指标,少数墙体保温设计未绘制大样图。门窗四周、飘窗板、大尺寸的节能门窗未进行专门设计,无法指导施工。有的工程设计单位和设计人员为承揽工程,迎合建设单位意图,随意对原节能设计方案和标准进行调整,并且对调整后的节能设计文件不报图纸审查备案,也不跟踪督促实施等违法行为。

针对上述违法行为,《民用建筑节能条例》规定了对新建建筑节能实施全过程的监管,建设、设计、施工和监理单位应当遵守建筑节能标准，设计单位、施工单位、工程监理单位及其注册执业人员，应当按照民用建筑节能强制性标准进行设计、施工、监理。我国对新建项目的节能实施下列节能管理制度。

1. 新建项目规划许可

城乡规划主管部门在规划许可阶段对新建项目进行规划审查时，需就规划设计方案征求同级建设主管部门的意见，对不符合建筑节能标准的建设项目不予颁发建设工程规划许可证。

2. 施工图审查机构的节能审查

施工图设计文件审查机构应当按照民用建筑节能强制性标准对施工图设计文件进行审查；经审查不符合民用建筑节能强制性标准的，县级以上地方人民政府建设主管部门不得颁发施工许可证。

3. 建设单位的节能义务

建设单位不得明示或者暗示设计单位、施工单位违反民用建筑节能强制性标准进行设计、施工，不得明示或者暗示施工单位使用不符合施工图设计文件要求的墙体材料、保温材料、门窗、采暖制冷系统和照明设备。

按照合同约定由建设单位采购墙体材料、保温材料、门窗、采暖制冷系统和照明设备的，建设单位应当保证其符合施工图设计文件要求。

建设单位组织竣工验收，应当对民用建筑是否符合民用建筑节能强制性标准进行查验；对不符合民用建筑节能强制性标准的，不得出具竣工验收合格报告。

4. 设计单位、施工单位、工程监理单位的节能义务

设计单位、施工单位、工程监理单位及其注册执业人员，应当按照民用建筑节能强制性标准进行设计、施工、监理。

施工单位应当对进入施工现场的墙体材料、保温材料、门窗、采暖制冷系统和照明设备进行查验；不符合施工图设计文件要求的，不得使用。

工程监理单位发现施工单位不按照民用建筑节能强制性标准施工的，应当要求施工单位改正；施工单位拒不改正的，工程监理单位应当及时报告建设单位，并向有关主管部门报告。墙体、屋面的保温工程施工时，监理工程师应当按照工程监理规范的要求，采取旁站、巡视和平行检验等形式实施监理。未经监理工程师签字，墙体材料、保温材料、门窗、采暖制冷系统和照明设备不得在建筑上使用或者安装，施工单位不得进行下一道工序的施工。

5. 竣工验收阶段节能工程验收

竣工验收阶段建设单位等各验收单位应将民用建筑节能施工是否符合节能设计标准作为查验的重要内容。各地建设行政主管部门应对新建项目的建筑节能施工进行专项验收，对不

符合节能设计标准的项目不出具竣工验收合格报告。

6. 节能工程保修义务

在使用保修阶段，施工单位在保修范围和保修期内，对发生质量问题的节能保温工程负有保修义务，并对造成的损失依法承担赔偿责任。在商品房销售阶段，房地产开发企业向购买人明示所售商品房的能源消耗指标、节能措施和保护要求、保温工程保修期等信息，并写入合同，承担节能保修义务。

四、施工节能的规定

《循环经济促进法》规定，建筑设计、建设、施工等单位应当按照国家有关规定和标准，对其设计、建设、施工的建筑物及构筑物采用节能、节水、节地、节材的技术工艺和小型、轻型、再生产品。有条件的地区，应当充分利用太阳能、地热能、风能等可再生能源。

1. 节材与材料资源利用

《循环经济促进法》规定，国家鼓励利用无毒无害的固体废物生产建筑材料，鼓励使用散装水泥，推广使用预拌混凝土和预拌砂浆，禁止损毁耕地烧砖。在国务院或者省、自治区、直辖市人民政府规定的期限和区域内，禁止生产、销售和使用黏土砖。

《绿色施工导则》进一步规定，①推广使用预拌混凝土和商品砂浆，结构工程施工使用散装水泥。②推广使用高强钢筋和高性能混凝土，减少资源消耗。③推广钢筋专业化加工和配送。④优化钢筋配料和钢构件下料方案。钢筋及钢结构制作前应对下料单及样品进行复核，无误后方可批量下料。⑤优化钢结构制作和安装方法。大型钢结构宜采用工厂制作，现场拼装，宜采用分段吊装、整体提升、滑移、顶升等安装方法，减少方案的措施用材量。⑥采取数字化技术，对大体积混凝土、大跨度结构等专项施工方案进行优化。

2. 节水与水资源利用

《循环经济促进法》规定，国家鼓励和支持使用再生水。企业应当发展串联用水系统和循环用水系统，提高水的重复利用率。企业应当采用先进技术、工艺和设备，对生产过程中产生的废水进行再生利用。

《绿色施工导则》进一步对提高用水效率作出规定，如施工现场喷洒路面、绿化浇灌不宜使用市政自来水；现场机设备、车辆冲洗用水必须设立循环用水装置；施工现场建立雨水、中水或可再利用水的搜集利用系统等。

3. 节能与能源利用

《绿色施工导则》对节能措施，机械设备与机具，生产、生活及办公临时设施，施工用电及照明分别作出规定，优先使用国家、行业推荐的节能、高效、环保的施工设备和机具，如选用变频技术的节能施工设备等；生产、生活及办公临时设施要利用场地自然条件，使其获得良好的日照、通风和采光，南方地区可根据需要在其外墙窗设遮阳设施；临时设施宜采用节能材料，墙体、屋面使用隔热性能好的材料，减少夏天空调、冬天取暖设备的使用时间及耗能量。在施工用电及照明方面：临时用电优先选用节能电线和节能灯具，采用声控、光控等节能照明灯具等。

五、违反建筑节能标准违法行为应承担的法律责任

《节约能源法》规定，设计单位、施工单位、监理单位违反建筑节能标准的，由建设主管部门责令改正，处10万元以上50万元以下罚款；情节严重的，由颁发资质证书的部门降低资质等级或者吊销资质证书；造成损失的，依法承担赔偿责任。

《民用建筑节能条例》规定，施工单位未按照民用建筑节能强制性标准进行施工的，由县级以上地方人民政府建设主管部门责令改正，处民用建筑项目合同价款2%以上4%以下的罚款；情节严重的，由颁发资质证书的部门责令停业整顿，降低资质等级或者吊销资质证书；造成损失的，依法承担赔偿责任。

注册执业人员未执行民用建筑节能强制性标准的，由县级以上人民政府建设主管部门责令停止执业3个月以上1年以下；情节严重的，由颁发资格证书的部门吊销执业资格证书，5年内不予注册。

单 元 小 结

1. 保护我们生活的自然环境是我国的基本国策。新《环境保护法》建立了环境监测制度、确定生态保护红线制度、生态保护补偿制度、环保目标责任制和考核评价制度、污染物排放总量控制制度、排污许可管理制度、信息公开和公众参与制度等。

2. 在城市市区范围内向周围生活环境排放建筑施工噪声的，应当符合国家规定的建筑施工环境噪声排放标准。可能产生环境噪声污染的，开工前施工单位必须向环境保护行政主管部门申报。在城市市区噪声敏感建筑物集中区域内，原则上禁止夜间进行产生环境噪声污染的建筑施工作业。

3. 施工单位禁止向水体、地下排放、倾倒各类污染环境的废弃物。建设项目的水污染防治设施，应当与主体工程同时设计、同时施工、同时投入使用。

4. 产生固体废物的单位和个人，应当采取措施，防止或者减少固体废物对环境的污染。工程施工单位应当及时清运工程施工过程中产生的固体废物，并按照环境卫生行政主管部门的规定进行利用或者处置。

5. 节约资源是我国的基本国策。我国节能相关法律规定，新建项目在立项阶段实行严格的项目节能评估制度；在设计阶段执行节能专项设计与审查；在施工阶段执行严格节能设计强制性标准，使用节能材料；在竣工验收阶段进行专项节能验收工作，节能验收不合格，不得投入使用。

单元练习

单项选择题

1. 建设单位编制的环境影响报告书，应当依照有关法律的规定，征求建设项目（　　）。
   A. 所在地环境保护行政主管部门的意见　　B. 所在地建设行政主管部门的意见
   C. 所在行政区域公众的意见　　D. 所在地有关单位和居民的意见

2. 建设项目需要配套建设的环境保护设施，主体工程"三同时"制度中不包括（　　）。
   A. 立项　　B. 投产使用　　C. 设计　　D. 施工

3. 下列建筑施工场界环境噪声排放不符合限值标准是（　　）。
   A. 昼间 80dB(A)
   B. 夜间 45dB(A)
   C. 昼间 60dB(A)
   D. 夜间噪声最大声级超过限值的幅度不得高于 10dB(A)

4. 建筑施工"夜间"时段是指（　　）。
   A. 20：00 至次日 8：00 之间的时段　　B. 22：00 至次日 6：00 之间的时段
   C. 20：00 至次日 6：00 之间的时段　　D. 22：00 至次日 8：00 之间的时段

5. 某村办皮革厂的职工历来有节俭的传统，常常将厂里的边角料皮革带回家做燃料，废物利用，致使村里经常弥漫着一种怪味。该行为违反了（　　）。
   A. 环境噪声污染防治法　　B. 大气污染防治法
   C. 水污染防治法　　D. 固体废物污染环境防治法

6. 《民用建筑节能条例》规定，民用建筑节能的监督管理部门为（　　）。
   A. 设计主管部门　　B. 能源主管部门　　C. 消防主管部门　　D. 建设主管部门

7. 某施工企业在混凝土搅拌场所私设排污口，将废水直接排沟，致使村里的十几亩水稻受损严重。对此有权做出行政罚款的主管部门是（　　）。

  A. 该村的村民委员会   B. 建设行政主管部门

  C. 环境行政主管部门   D. 规划行政主管部门

  8. 某建筑工程在城市住宅区内，主体结构施工阶段建筑公司拟进行混凝土浇筑，使用的机械设备可能产生噪声污染，建筑公司需向相关部门申报的资料中不包括（　　）。

  A. 项目名称   B. 施工场所和期限

  C. 施工单位资质   D. 可能产生的环境噪声值

  9. 在城市市区范围内，施工过程中使用机械设备，可能产生环境噪声污染的，施工单位必须在工程开工（　　）日前向工程所在地县及以上人员政府环境保护行政主管部门申报。

  A. 10   B. 15   C. 20   D. 30

  10. 以下关于建筑节能的说法，错误的是（　　）。

  A. 企业可以制定严于国家标准的企业节能标准

  B. 国家实行固定资产项目节能评估和审查制度

  C. 不符合强制性节能标准的项目不得开工建设

  D. 省级人民政府建设主管部门可以制定低于行业标准的地方建筑节能标准

  11. 禁止在饮用水水源二级保护区内新建、改建、扩建的项目是（　　）。

  A. 与供水设施无关的项目   B. 与保护水源无关的项目

  C. 排放污染物的项目   D. 与水土保持无关的项目

  12. 工程施工单位应当及时清运工程施工过程中产生的固体废物，并按照（　　）的规定进行利用或者处置。

  A. 建设主管部门   B. 卫生主管部门   C. 城管部门   D. 市政主管部门

  13.《节约能源法》所称能源，是指（　　）和电力、热力以及其他直接或者通过加工、转换而取得有用能的各种资源。

  A. 煤炭、石油、天然气、生物质能   B. 太阳能、风能

  C. 煤炭、水电、核能   D. 可再生能源和新能源

  14. 用能单位应当按照合理用能的原则，建立（　　），对节能工作取得成绩的集体、个人给予奖励。

  A. 节能目标责任制   B. 节能考核评价制度

  C. 节能管理责任制   D. 节能目标责任制和节能考核评价制度

  15. 最大限度地节约资源与减少对环境负面影响的施工活动，实现"四节一环保"是指（　　）。

  A. 节能、节地、节水、节材和环境保护   B. 节电、节地、节水、节材和环境保护

  C. 节电、节气、节水、节材和环境保护   D. 节能、节气、节水、节材和环境保护

单元八

建设工程纠纷处理法律制度

学习目标

【知识目标】

1. 熟悉民事诉讼和仲裁制度的基本原则和特性。
2. 掌握民事诉讼制度和仲裁制度的要点和基本程序。
3. 了解建筑工程纠纷处理方法。

【能力目标】

1. 能够选择建设工程民事纠纷的解决途径。
2. 能够分析纠纷中如何进行诉讼和仲裁。
3. 能够提出如何进行行政复议和行政诉讼。

思维导图

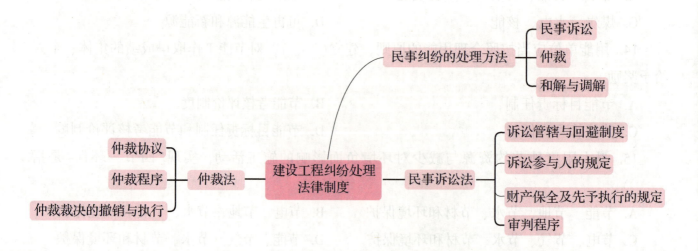

第一节　民事纠纷的处理方法

建设工程纠纷的主要类型

人民法院能否同意原告不公开审理的要求

甲公司在进行一项重大项目的洽谈工作，小张是洽谈的主要负责人。乙公司为了利用小张掌握的商业机密，将其"挖角"到乙公司，甲公司因此损失严重。甲公司向人民法院起诉小张和乙公司，请求小张和乙公司承担连带赔偿责任，同时申请不公开审理，以避免商业秘密泄露于第三人。那么，人民法院能否同意不公开审理的要求。

案例分析：公开审理是审判民事案件的基本制度，人民法院审理民事案件一般应公开审判，应当选期公布当事人姓名、案由和开庭时间、地点，以便群众旁听，记者采访和报道。但涉及国家秘密或隐私的案件，不能公开审理。离婚案件或涉及商业机密的案件，当事人申请不公开审理的，可以不公开。本案商业机密对甲公司来说关系重大，一旦公开，损失可能会进一步扩大。因此，甲公司申请不公开审理时合情合理的，也符合民事诉讼法的规定，法院应当同意原告不公开审理的要求。

民事纠纷又称民事争议，是指平等主体之间发生的以民事权利义务法律关系为内容的争议。民事纠纷分为两大内容：一类是财产关系方面的民事纠纷，如合同纠纷、损害赔偿纠纷等；另一类是人身关系的民事纠纷，如名誉权纠纷、继承权纠纷等。而建筑工程民事纠纷，顾名思义是在建筑工程活动中平等主义之间发生的有关人身、财产权的纠纷。

民事纠纷特点有三点：①民事纠纷主体之间法律地位平等。②民事纠纷的内容是对民事权利义务的争议。③民事纠纷的可处分性。这主要针对有关财产关系的民事纠纷，而有关人身关系的民事纠纷多具有不可处分性。在建设工程领域，较为普遍和重要的民事纠纷主要是合同纠纷和侵权纠纷。

当民事纠纷发生后，法律解决途径主要有四种，即民事诉讼、仲裁、和解与调解。当事人可以通过和解或者调解解决合同争议。当事人不愿和解、调解或者和解、调解不成的，可以根据仲裁协议向仲裁机构申请仲裁。涉外合同的当事人可以根据仲裁协议向中国仲裁机构或者其他仲裁机构申请仲裁。当事人没有订立仲裁协议或者仲裁协议无效的，可以向人民法院起诉。当事人应当履行发生法律效力的判决、仲裁裁决、调解书。拒不履行的，对方可以请求人民法院执行。

建设纠纷解决途径

一、民事诉讼

民事诉讼是指人民法院、当事人和其他诉讼参与人，以审理、裁判、执行等方式解决民事纠纷活动，以及由此产生的各种诉讼关系的总和。诉讼参与人包括原告、被告、第三人、证人、鉴定人、勘验人、翻译人员等。

二、仲裁

仲裁是当事人根据在纠纷发生之前或发生之后达成的书面协议，自愿将纠纷提交双方所同意的第三方（仲裁机构）予以裁决，纠纷各方都有义务执行该裁决的一种解决纠纷的方式。纠纷发生之前和发生之后签订的仲裁协议，其法律效力是相同的。

仲裁机构和法院不同。法院行使国家所赋予的审判权，向法院起诉不需要双方当事人在诉讼前达成协议，只要一方当事人向有审判管辖权的法院起诉，经法院受理后，另一方必须应诉。仲裁机构通常是民间团体的性质，其受理案件的管辖权来自双方协议，没有协议就无权受理仲裁。

三、和解与调解

1. 和解

和解在法律上是指诉讼当事人之间为处理和结束诉讼而达成的解决争议问题的妥协或协议。也指当事人在自愿互谅的基础上，就已经发生的争议进行协商并达成协议，自行解决争议的一种方式。

和解可以在民事纠纷的任何阶段进行，无论是否已经进入诉讼或仲裁程序。双方可以在发生诉讼前，互相协商，达成和解协议，解决双方争执。和解一经成立，当事人不得任意反悔撤销。双方也可在诉讼进行中或诉讼外互相协商达成和解协议，这种和解无论诉讼程序进行得如何，只要在法院做出判决前都可进行，可以对诉讼的全部内容达成协议，也可就个别问题达成协议。诉讼中的和解协议经法院审查批准，当事人签名盖章，即发生效力，结束诉讼程序的全部或一部分。如结束全部程序，即视为当事人撤销诉讼。

值得注意的是，和解协议不具有强制执行力，其属于当事人之间的约定。如一方当事人不按照和解协议执行，另一方当事人不可以请求法院强制执行，但可以要求对方就不执行该协议承担违约责任。

2. 调解

与和解不同，和解是无第三方参与劝说，自行解决争议的一种方式。而调解则是指双方当事人以外的第三方应纠纷当事人的请求，以法律和政策或合同约定等为依据，对纠纷双方进行疏导、劝说，促使他们互相谅解，进行协商，自愿达成协议，解决纠纷的活动。

在我国，调解的方式很多。因调解的主体不同，调解方式有人民调解、法院调解、行政调解、仲裁调解及行业调解等。人民调解是人民调解委员会主持进行的调解；法院调解是人民法院主持下进行的调解；行政调解是基层人民政府或者国家行政机关主持下进行的调解；仲裁调解是在仲裁机构主持下进行的调解。在这几种调解中，法院调解属于诉内调解，其他调解都属于诉外调解。

第二节　民事诉讼法

拖欠农民工工资，发包方、分包方应该起诉谁

甲公司开发某商业地产项目，乙建筑公司经过邀请招标程序中标，并签订了施工总承包合同。施工中，乙公司将水电安装工程分包给丙水电设备建筑安装公司。丙公司又将部分水电安装的施工劳务作业违法分包给包工头刘某。施工中，因甲公司拖欠乙公司工程款，继而乙公司拖欠丙公司工程款，丙公司拖欠刘某的劳务费。当刘某知道这个情况后，在起诉丙公司的同时，将甲公司也起诉到法院，要求支付被拖欠的劳务费。甲公司认为自己与刘某没有合同关系，遂提出诉讼主体异议；丙公司认为刘某没有劳务施工资质，不具备签约能力，合同无效，也不能成为原告。刘某可否在起诉丙公司的同时，也起诉甲公司即发包方？

单元八 建设工程纠纷处理法律制度

> **案例分析：** 根据《民事诉讼法》及《最高人民法院关于审理建设工程施工合同纠纷案件适用法律问题的解释》第26条规定，实际施工人以转包人、违法分包人为被告起诉的，人民法院应当依法受理。实际施工人以发包人为被告主张权利的，人民法院可以追加转包人或者违法分包人为本案当事人。发包人只在欠付工程价款范围内对实际施工人承担责任。据此，本案中刘某作为实际施工人，不仅可以起诉违法分包的丙公司，还可以起诉作为发包人的甲公司。但甲公司只在欠付工程价款范围内对实际施工人刘某承担责任。

《中华人民共和国民事诉讼法》（简称《民事诉讼法》）是以宪法为根据，结合我国民事审判工作的经验和实际情况制定的一部程序法。《民事诉讼法》规定，人民法院受理公民之间、法人之间、其他组织之间以及他们相互之间因财产关系和人身关系提起的民事诉讼，适用本法的规定。

一、诉讼管辖与回避制度

1. 诉讼管辖

民事诉讼中的管辖是指各级法院之间和同级法院之间受理第一审民事案件的分工和权限。它是在法院内部具体确定特定的民事案件由指定法院行使民事审判权的一项制度。

（1）级别管辖

级别管辖是指按照一定的标准，划分上下级法院之间受理第一审民事案件的分工和权限。我国有基层人民法院、中级人民法院、高级人民法院和最高人民法院四级法院，都可以受理第一审民事案件，但受理案件的范围不同。

①基层人民法院。基层人民法院是在县、县级市、自治县、市辖区设立，负责管辖第一审民事案件，法律另有规定的除外。这就是说，除了法律规定由中级法院、高级法院、最高法院管辖的第一审民事案件外，其余一切民事案件都由基层法院管辖。

②中级人民法院。中级人民法院主要负责审理法律、法令规定由它管辖的第一审案件、基层人民法院移送审判的第一审案件。如在本辖区有较大影响的案件、涉外案件等（包括涉港、澳、台地区的案件）。

③高级人民法院。高级人民法院也管辖少量的第一审民事案件，即管辖在本辖区内有重大影响的民事案件。

④最高人民法院。最高人民法院审理法律规定由它管辖的和它认为应当由自己审判的第一审案件。由最高人民法院作为第一审管辖的民事案件实行一审终审，不能上诉。

(2)地域管辖

地域管辖是指按照各法院的辖区和民事案件的隶属关系,划分同级法院受理第一审民事案件的分工和权限。根据《民事诉讼法》的规定,地域管辖主要包括一般地域管辖、特殊地域管辖和专属管辖。

①一般地域管辖。一般地域管辖是指以当事人所在地与人民法院的隶属关系来确定诉讼管辖。当事人有原告和被告之分,一般地域管辖的通常实行"原告"就"被告"原则,即以被告所在地作为确定管辖的标准。根据《民事诉讼法》第21条规定:"对公民提起的民事诉讼,由被告住所地人民法院管辖;被告住所地与经常居住地不一致的,由经常居住地人民法院管辖。"其中,公民的所住地是指公民的户籍所在地。经常居住地是指公民离开住所至起诉时已连续居住满一年的地方,但公民住院就医的地方除外;对法人或者其他组织提起的民事诉讼,由被告住所地人民法院管辖。被告住所地指法人或者其他组织主要办事机构所在地或者主要营业地。

②特殊地域管辖。特殊地域管辖又称特别地域管辖,是指以被告住所地、诉讼标的所在地、法律事实所在地为标准确定的管辖。我国《民事诉讼法》规定了9种特殊地域管辖的诉讼,其中与工程建设领域关系最为密切的是因合同纠纷提起的诉讼。

《民事诉讼法》第23条规定:"因合同纠纷提起的诉讼,由被告住所地或者合同履行地人民法院管辖。"合同履行地是指合同约定的履行义务的地点,主要是指合同标的的交付地点。2005年1月施行的《最高人民法院关于审理建筑工程施工合同纠纷案件适用法律问题的解释》第24条规定:"建设工程施工合同纠纷以施工行为地为合同履行地。"

③专属管辖。专属管辖是指法律规定某些类型的案件专门由特定的法院管辖,其他法院无管辖权,当事人也不得以协议改变法律确定的管辖。与其他法定管辖相比,专属管辖具有优先性、排他性与强制性。

《民事诉讼法》第33条规定了3种适用专属管辖的案件:因不动产纠纷提起的诉讼,由不动产所在地人民法院管辖,如房屋买卖纠纷、土地使用权转让纠纷等;因港口作业中发生纠纷提起的诉讼,由港口所在地人民法院管辖;因继承遗产纠纷提起的诉讼,由被继承人死亡时住所地或者主要遗产所在地人民法院管辖。

应当注意的是,按照《最高人民法院关于审理建筑工程施工合同纠纷案件适用法律问题的解释》,建设工程施工合同纠纷不适用专属管辖,而应当依照《民事诉讼法》第23条规定,适用合同纠纷的地域管辖原则,即由被告住所地或合同履行地人民法院管辖。也可根据《民事诉讼法》的规定,在发包人或承包人住所地、合同签订地、工程所在地的范围内,通过协议确定管辖法院。

(3)管辖权异议

管辖权异议是指当事人认为受诉法院或受诉法院移送后的法院对案件无管辖权时,向受诉法院提出的不服管辖的意见和主张。

（4）移送管辖和指定管辖

①移送管辖。移送管辖是指地方人民法院受理某一案件后，发现对该案无管辖权，为保证该案件的审理，依照法律相关规定，将该案件移送给有管辖权的人民法院。受移送的人民法院如果认为受移送的案件依照规定不属于本院管辖的，应当报上级法院指定管辖，不得再自行移送。

移送管辖是对管辖发生错误所采用的一种纠正措施。移送管辖通常发生在同级人民法院之间，但也不排除在上、下级人民法院之间移送。

②指定管辖。指定管辖是指上级人民法院以裁定方式，指定下级人民法院对某一案件行使管辖权。《民事诉讼法》第37条规定："有管辖权的人民法院由于特殊原因，不能行使管辖权的，由上级人民法院指定管辖。人民法院之间因管辖权发生争议，由争议双方协商解决；协商解决不了的，报请它们的共同上级人民法院指定管辖。"

2. 回避制度

根据《民事诉讼法》第44条规定，审判人员、书记员、翻译人员、鉴定人、勘验人有下列情形之一的，应当自行回避，当事人有权用口头或者书面方式申请他们回避。

①是本案当事人或者当事人、诉讼代理人近亲属的。

②与本案有利害关系的。

③与本案当事人、诉讼代理人有其他关系，可能影响对案件公正审理的。

④审判人员接受当事人、诉讼代理人请客送礼，或者违反规定会见当事人、诉讼代理人的，当事人有权要求他们回避，并依法追究其法律责任。

二、诉讼参与人的规定

1. 当事人

民事诉讼中的当事人，是指因民事权利和义务发生争议，以自己的名义进行诉讼，请求人民法院进行裁判的公民、法人或其他组织。民事诉讼当事人有狭义和广义之分，狭义当事人仅包括原告和被告。广义当事人包括原告、被告、共同诉讼人和第三人。

（1）原告和被告

原告是指维护自己的权益或自己所管理的他人权益，以自己的名义起诉，从而引起民事诉讼程序的当事人。

被告是指原告诉称侵犯原告民事权益而由法院通知其应诉的当事人。

根据《民事诉讼法》第48条规定："公民、法人和其他组织可以作为民事诉讼的当事人。

法人由其法定代表人进行诉讼。其他组织由其主要负责人进行诉讼。"也就是说，公民、法人和其他组织都可以成为民事诉讼中的原告或者被告，但在实践中，情况比较复杂，需要进一步结合《最高人民法院关于适用〈中华人民共和国民事诉讼法〉若干问题的意见》及相关规定进行正确认定。

（2）共同诉讼人

共同诉讼人指当事人一方或双方为二人（含二人）以上，诉讼标的是共同的，或者诉讼标的是同一种类、人民法院认为可以合并审理并经当事人同意，一同在人民法院进行诉讼的人。

值得注意的是，当事人一方或双方一定是两个及两个以上的公民、法人或者其他组织，当事人诉讼标的相一或者同类，诉讼主张一致，并且案件属同一人民法院管辖。

（3）第三人

民事诉讼中的第三人是指对他人争议的诉讼标的有独立的请求权，或者虽无独立请求权，但案件的处理结果与其有法律上的利害关系，而参加到原告、被告已经开始的诉讼中进行诉讼的人。

2. 诉讼代理人

诉讼代理人是指根据法律规定或者当事人的委托，代理当事人进行民事诉讼活动的人。

民事诉讼代理人是指以当事人的名义，在一定权限范围内，为当事人的利益进行诉讼活动的人。因代理权的不同可分为法定诉讼代理人、委托诉讼代理人和指定诉讼代理人。在建筑工程领域，最常见的是委托诉讼代理人。

根据《民事诉讼法》第58条规定，当事人、法定代理人可以委托1~2人作为诉讼代理人。下列人员可以被委托为诉讼代理人。

①律师、基层法律服务工作者。

②当事人的近亲属或者工作人员。

③当事人所在社区、单位以及有关社会团体推荐的公民。

《民事诉讼法》第59条规定："委托他人代为诉讼，必须向人民法院提交由委托人签名或者盖章的授权委托书。授权委托书必须记明委托事项和权限。诉讼代理人代为承认、放弃、变更诉讼请求，进行和解，提起反诉或者上诉，必须有委托人的特别授权。"针对实践中经常出现的授权委托书仅写"全权代理"而无具体授权的情形，最高人民法院还特别规定，在这种情况下，不能认定为诉讼代理人已获得特别授权，即诉讼代理人无权代为承认、放弃、变更诉讼请求，进行和解、提起反诉或者上诉。

三、财产保全及先予执行的规定

1. 财产保全

财产保全是指人民法院在受理案件之后、作出判决之前,对当事人的财产或者争执标的物采取限制当事人处分的强制措施。财产保全是当可能发生有关财产被一方当事人转移、隐匿、损毁等情形,导致法院将来的判决不能执行或难以执行,进而另一方当事人(或利害关系人)的合法利益受到损害的,根据当事人或者利害关系人的申请或人民法院的裁定,由人民法院对有关财产采取保护措施的诉讼法律制度。

(1)财产保全的种类

根据《民事诉讼法》第100条、第101条的规定,财产保全分为诉中财产保全和诉前财产保全。

①诉中财产保全。诉讼中财产保全是指人民法院在受理案件之后、作出判决之前,对当事人的财产或者争执标的物采取限制当事人处分的强制措施。

采用诉讼中财产保全应当具备如下条件。

A. 需要对争议的财产采取诉讼中财产保全的案件必须是给付之诉,即该案的诉讼请求具有财产给付内容。

B. 将来的生效判决因为主观或者客观的因素导致不能执行或者难以执行。主观因素是当事人有转移、毁损、隐匿财物的行为或者可能采取这种行为。客观因素主要是诉讼标的物是容易变质、腐烂的物品,如果不及时采取保全措施将会造成更大损失。

C. 诉讼中财产保全发生在民事案件受理后、法院尚未作出生效判决前。在一审或二审程序中,如果案件尚未审结,就可以申请财产保全。如果法院的判决已经生效,当事人可以申请强制执行,但是不得申请财产保全。

D. 诉讼中财产保全一般应当由当事人提出书面申请。当事人没有提出申请的,人民法院在必要时也可以裁定采取财产保全措施。但是,人民法院一般很少以职权裁定财产保全,因为根据国家赔偿法的规定,人民法院依职权采取财产保全或者先予执行错误的,应当由人民法院依法承担赔偿责任。

E. 人民法院可以责令当事人提供担保。人民法院依据申请人的申请,在采取诉讼中财产保全措施前,可以责令申请人提供担保。提供担保的数额应当相当于请求保全的数额。申请人不提供担保的,人民法院可以驳回申请。在发生诉讼中财产保全错误给申请人造成损失的情况下,被申请人可以直接从申请人提供担保的财产中得到赔偿。

②诉前财产保全。诉前财产保全是指在诉讼发生前,利害关系人因情况紧急,法院不立即采取财产保全措施,利害关系人的合法权利会受到难以弥补的损害,因此法律赋予利害关

系人在起诉前有权申请人民法院采取财产保全措施。

根据《民事诉讼法》第 101 条的规定，诉前财产保全的适用条件有以下几条。

A. 需要采取诉前财产保全的申请必须具有给付内容，即申请人将来提起案件的诉讼请求具有财产给付内容。

B. 情况紧急，不立即采取相应的保全措施，可能使申请人的合法权益受到难以弥补的损失。

C. 由利害关系人提出诉前财产保全申请。利害关系人即与被申请人发生争议，或者认为权利受到被申请人侵犯的人。

D. 诉前财产保全申请人必须提供担保。申请人如不提供担保，人民法院驳回申请人在起诉前提出的财产保全申请。

根据《民事诉讼法》第 101 条规定，人民法院接受申请后，必须在 48 小时内作出裁定。裁定采取保全措施的，应当立即开始执行。申请人在人民法院采取保全措施后 30 日内不依法提起诉讼或者申请仲裁的，人民法院应当解除保全。

（2）财产保全的费用

根据《民事诉讼法》和《最高人民法院关于适用〈中华人民共和国民事诉讼法〉若干问题的意见》的规定，诉前财产保全和诉讼中财产保全都必须交纳保全费用，并依照《人民法院诉讼收费办法》执行。

目前，申请保全措施的，根据实际保全的财产数额按照下列标准交纳。

①财产数额不超过 1 000 元或者不涉及财产数额的，每件交纳 30 元。

②超过 1 000 元至 10 万元的部分，按照 1%交纳。

③超过 10 万元的部分，按照 0.5%交纳。

需要注意的是，当事人申请保全措施交纳的费用最多不超过 5 000 元。申请财产保全需要提交保全担保，额度与诉讼请求的额度相当。

（3）财产保全的实施

财产保全的措施包括查封、扣押、冻结以及法律规定的其他方法。

被申请人提供担保的，人民法院应当解除财产保全。申请有错误的，申请人应当赔偿被申请人因财产保全所遭受的损失。

2. 先予执行

先予执行是指人民法院在终结判决之前，为解决权利人生活或生产经营的急需，根据当事人申请，依法裁定义务人预先履行义务的诉讼法律制度。

根据《民事诉讼法》106 条的规定，先予执行适用的案件范围如下。

①追索赡养费、扶养费、抚育费、抚恤金、医疗费用的案件。

②追索劳动报酬的案件。

③因情况紧急需要先予执行的案件。

其中，根据最高人民法院的有关司法解释，所谓的情况紧急，主要是：需要立即停止侵害，排除妨碍的案件；需要立即制止某项行为的案件；需要立即返还用于购置生产原料、生产工具款的案件；追索恢复生产、经营急需的保险理赔费的案件。

四、审判程序

审判程序是指人民法院审理案件适用的程序，可分为一审程序、二审程序和审判监督程序。

1. 一审程序

一审程序包括普通程序和简易程序。其中，普通程序是《民事诉讼法》规定的民事诉讼当事人进行第一审民事诉讼和人民法院审理第一审民事案件所通常使用的诉讼程序。

根据《民事诉讼法》第149条规定："人民法院适用普通程序审理的案件，应当在立案之日起6个月内审结。有特殊情况需要延长的，由本院院长批准，可以延长6个月；还需要延长的，报请上级人民法院批准。"

（1）起诉和受理

①起诉。纠纷发生后，如需要通过诉讼解决纠纷，则首先应当向人民法院起诉。根据《民事诉讼法》第119条规定，起诉必须符合下列条件。

A. 原告是与本案有直接利害关系的公民、法人和其他组织。

B. 有明确的被告。

C. 有具体的诉讼请求、事由和理由。

D. 属于人民法院受理民事诉讼的范围和受诉人民法院管辖。

起诉方式应当以书面起诉为原则、口头起诉为例外。在工程建设领域，基本采用书面起诉的方式。

②受理。根据《民事诉讼法》第123条规定，人民法院对符合规定的起诉，必须受理。符合起诉条件的，应当在7日内立案，并通知当事人。不符合起诉条件的，应当在7日内作出裁定书，不予受理。原告对裁定不服的，可以提起上诉。

（2）被告答辩

根据《民事诉讼法》第125条规定："人民法院应当在立案之日起5日内将起诉状副本发送被告，被告应当在收到之日起15日内提出答辩状。答辩状应当记明被告的姓名、性别、年龄、民族、职业、工作单位、住所、联系方式；法人或者其他组织的名称、住所和法定代表人或者主要负责人的姓名、职务、联系方式。人民法院应当在收到答辩状之日起5日内将答辩状副本发送原告。被告不提出答辩状的，不影响人民法院审理。"

此外，当事人对管辖权有异议的，应当在提交答辩状期间提出。

(3) 开庭审理

①法庭调查。法庭调查是在法庭上出示与案件有关的全部证据，对案件事实进行全面调查并有当事人进行质证的程序。其主要任务是，审判人员在法庭上全面调查案件事实，审查和核实各种证据，为正确认定案件事实和适用法律奠定基础。

法庭调查的按照下列程序进行：A. 当事人陈述；B. 告知证人的权利义务，证人作证，宣读未到庭证人证言；C. 出示书证、物证和视听资料；D. 宣读鉴定结论；E. 宣读勘验笔录。

②法庭辩论。法庭辩论是当事人及其诉讼代理人在合议庭的主持下，根据法庭调查阶段查明的事实和证据行使辩论权，针对有争议的事实和法律问题进行辩论的程序。

法庭辩论的目的，是通过当事人及其诉讼代理人的辩论，对有争议的问题逐一进行审查和核实，借此查明案件的真实情况和正确使用法律。

③法庭笔录。根据《民事诉讼法》第147条规定，书记员应当将法庭审理的全部活动记入笔录，由审判人员和书记员签名。法庭笔录应当当庭宣读，也可以告知当事人和其他诉讼参与人当庭或者在五日内阅读。当事人和其他诉讼参与人认为对自己的陈述记录有遗漏或者差错的，有权申请补正。如果不予补正，应当将申请记录在案。法庭笔录由当事人和其他诉讼参与人签名或者盖章。拒绝签名盖章的，记明情况附卷。

④宣判。法庭辩论终结，应当依法作出判决。根据《民事诉讼法》143条、144条的规定，原告经传票传唤，无正当理由拒不到庭的，或者未经法庭许可中途退庭的，可以按撤诉处理；被告反诉的，可以缺席判决。被告经传票传唤，无正当理由拒不到庭的，或者未经法庭许可中途退庭的，可以缺席判决。

法院一律公开宣告判决，同时必须告知当事人上诉的权利、上诉期限和上诉法院。最高人民法院的判决、裁定，以及超过上诉期间没有上诉的判决、裁定，是发生法律效力的判决、裁定。

2. 第二审程序

第二审程序又称上诉审程序，是指由于民事诉讼的当事人不服第一审法院未生效的第一审裁判而在法定期间内向上一级人民法院提起上诉而引起的诉讼程序，是第二审级的人民法院审理上诉案件所适用的程序。

(1) 提起上诉

当事人不服地方人民法院第一审判决的，有权在判决书送达之日起15日内向上一级人民法院提起上诉。不服地方人民法院第一审裁定的，有权在裁定书送达之日起10日内向上一级人民法院提起上诉。第二审人民法院应当对上诉请求的有关事实和适用法律进行审查。

(2) 审理要求

第二审人民法院对上诉案件，应当组成合议庭，开庭审理。经过阅卷和调查，询问当事人，在事实核对清楚后，合议庭认为不需要开庭审理的，也可以进行判决、裁定。第二审人民法院审理上诉案件，可以在本院进行，也可以到案件发生地或原审人民法院所在地进行。

（3）二审处理

根据《民事诉讼法》第170条规定，第二审人民法院对上诉案件，经过审理，按照下列情形，分别处理。

①原判决、裁定认定事实清楚，适用法律正确的，以判决、裁定方式驳回上诉，维持原判决、裁定。

②原判决、裁定认定事实错误或者适用法律错误的，以判决、裁定方式依法改判、撤销或者变更。

③原判决认定基本事实不清的，裁定撤销原判决，发回原审人民法院重审，或者查清事实后改判。

④原判决遗漏当事人或者违法缺席判决等严重违反法定程序的，裁定撤销原判决，发回原审人民法院重审。

对于发回原审法院重审的案件，原审法院仍将按照一审程序进行审理。因此，当事人对重审案件的判决、裁定，仍然可以上诉。第二审人民法院不得再次发回重审。

人民法院审理对原审判决的上诉案件，应当在第二审立案之日3个月内结审。由于我国实行两审终审制，上诉案件经二审法院审理后作出的判决、裁定为终审的判决、裁定、诉讼程序即告终结。

3. 审判监督程序

审判监督程序是指由有审判监督权的法定机关和人员提起，或由当事人申请，由人民法院对发生法律效力的判决、裁定、调解书再次审理的程序。它并不是每个案件必经的程序。

根据《民事诉讼法》198条、199条规定，各级人民法院院长对本院已经发生法律效力的判决、裁定、调解书，发现确有错误，认为需要再审的，应当提交审判委员会讨论决定。最高人民法院对地方各级人民法院已经发生法律效力的判决、裁定、调解书，上级人民法院对下级人民法院已经发生法律效力的判决、裁定、调解书，发现确有错误的，有权提审或者指令下级人民法院再审。当事人对已经发生法律效力的判决、裁定，认为有错误的，可以向上一级人民法院申请再审。当事人一方人数众多或者当事人双方为公民的案件，也可以向原审人民法院申请再审。当事人申请再审的，不停止判决、裁定的执行。

第三节 仲 裁 法

案例导入

签订了仲裁协议，但是条款不明确，该如何执行

湖北 A 公司和广东 B 公司签订的一份《设备购销合同》，其中有关仲裁条款为："在本合同下或与本合同相关的任何以及所有无法友好解决的争议应通过仲裁解决。仲裁应根据中国国际经济贸易仲裁委员会调解和仲裁规则进行。仲裁应在北京进行。仲裁结果应为终局性的，对双方均有约束力。"在合同履行期间，双方就有关事项发生争议。A 公司向中国国际经济贸易仲裁委员会申请仲裁。仲裁委员会受理本案后，向双方当事人发出仲裁通知。B 公司收到仲裁通知后，向仲裁委员会提出管辖异议称：A 公司和 B 公司签订的本案合同中虽然涉及了仲裁约定，但对具体仲裁机构的约定不明确。本案合同中只是约定了争议可以通过仲裁解决及仲裁适用的规则，并且明确了"仲裁应在北京进行"，却没有明确具体的仲裁机构。根据相关法律的规定，如果要仲裁的话，必须双方明确约定并选择特定的仲裁机构，但本案合同双方却未能予以明确。因此，该纠纷应当移送被告所在地或合同履行地法院管辖。A 公司认为 B 公司的抗辩理由不能成立。因为，根据合同中的仲裁条款，申请人和被申请人均明确表达了其通过仲裁的方式解决双方争议的意愿。本案合同项下的争议应当提交中国国际经济贸易仲裁委员会仲裁解决，B 公司所谓的双方就仲裁机构约定不明确的主张缺乏合同和法律依据。中国国际经济贸易仲裁委员会对此案是否具有管辖权？

案例分析：《仲裁法》第 16 条规定，当事人在仲裁协议中应当有选定的仲裁委员会。在该合同中，虽没有写明具体的仲裁机构，但是根据该合同的约定："仲裁应根据中国国际经济贸易仲裁委员会调解和仲裁规则进行"，双方约定了仲裁适用的仲裁规则。根据《关于适用〈中华人民共和国仲裁法〉若干问题的解释》第 4 条的规定："仲裁协议仅约定纠纷适用的仲裁规则的，视为未约定仲裁机构，但当事人达成补充协议或者按照约定的仲裁规则能够确定仲裁机构的除外。"中国国际经济贸易仲裁委员会 2012 年 5 月 1 日施行的《仲裁规则》第四条第4款规定："凡当事人约定按照本规则进行仲裁但未约定仲裁机构的,均视为同意将争议仲裁委员会仲裁。"综上所述,本案中能够根据该合同约定的仲裁规则确定仲裁机构。因此,中国国际经济贸易仲裁委员会对本案具有管辖权。

《中华人民共和国仲裁法》(后简称《仲裁法》)由中华人民共和国第八届全国人民代表大会常务委员会第九次会议于1994年8月31日通过,自1995年9月1日起开始施行。2006年8月最高人民法院又发布了《关于适用〈中华人民共和国仲裁法〉若干问题的解释》。

一、仲裁协议

仲裁协议是指当事人自愿将已经发生或者可能发生的争议通过仲裁解决的书面协议。

1. 仲裁协议注意事项

仲裁协议是当事人仲裁自愿的体现,当事人申请仲裁,仲裁委员会受理仲裁、仲裁庭对仲裁案件的审理和裁决,都必须以当事人依法订立的仲裁协议为前提。根据《仲裁法》第4条规定:"没有仲裁协议,一方申请仲裁的,仲裁委员会不予理会。"

同时,《仲裁法》第5条规定:"当事人达成仲裁协议,一方向人民法院起诉的,人民法院不予受理,但仲裁协议无效的除外。"

仲裁实行一裁终局的制度。裁决作出后,当事人就同一纠纷再申请仲裁或者向人民法院起诉的,仲裁委员会或者人民法院不予受理。

仲裁协议应当采用书面形式,口头方式达成的仲裁意思表示无效。《仲裁法》第16条规定:"仲裁协议包括合同中订立的仲裁条款和其他以书面形式在纠纷发生前或者纠纷发生后达成的请求仲裁的协议。"

2. 仲裁协议的内容

关于仲裁协议的内容,包括请求仲裁的意思表示、仲裁事项、选定的仲裁委员会。这三项内容必须同时具备,仲裁协议才能有效。

(1)请求仲裁的意思表示

请求仲裁的意思表示是指条款中应有"仲裁"两字,表明当事人的仲裁意愿。该意愿应当是确定的,而不是模棱两可的。有的当事人在合同中约定发生争议可以提交仲裁,也可以提交诉讼,根据这种约定就无法判定当事人有明确的仲裁意愿。因此,《关于适用〈中华人民共和国仲裁法〉若干问题的解释》规定,这样的仲裁协议无效。

（2）仲裁事项

仲裁事项可以是当事人之间合同履行过程中的或与合同有关的一切争议，也可以是合同中某一特定问题的争议。既可以是事实问题的争议，也可以是法律问题的争议，其范围取决于当事人的约定。

（3）选定的仲裁委员会

选定的仲裁委员会是指仲裁委员会的名称应该准确。《关于适用〈中华人民共和国仲裁法〉若干问题的解释》规定，仲裁协议约定的仲裁机构名称不准确，但能够确定具体的仲裁机构的，应当认定选定了仲裁机构。仲裁协议约定两个以上仲裁机构的，当事人可以协议选择其中的一个仲裁机构申请仲裁。当事人不能就仲裁机构选择达成一致的，仲裁协议无效。仲裁协议约定由某地的仲裁机构仲裁且该地仅有一个仲裁机构的，该仲裁机构视为约定的仲裁机构。该地有两个以上仲裁机构的，当事人可以协议选择其中的一个仲裁机构申请仲裁。当事人不能就仲裁机构选择达成一致的，仲裁协议无效。

二、仲裁程序

仲裁程序是指双方当事人将所发生的争议根据仲裁协议的规定提交仲裁时应办理的各项手续。

1. 提出仲裁申请

当事人申请仲裁，应当向仲裁委员会递交仲裁协议、仲裁申请书及副本。其中，仲裁申请书应当载明下列事项。

①当事人的姓名、性别、年龄、职业、工作单位和住所，法人或者其他组织的名称、住所和法定代表人或者主要负责人的姓名、职务。

②仲裁请求和所依据的事实、理由。

③证据和证据来源、证人姓名和住所。

对于申请仲裁的具体文件内容，各仲裁机构在《仲裁法》规定的范围内，会有不同的要求和审查标准，一般可以登录其网站进行查询。

当事人申请仲裁时，应当有仲裁协议，有具体的仲裁请求和事实理由，并且属于仲裁委员会的受理范围。

2. 审查与受理

仲裁委员会收到仲裁申请书之日起5日内，认为符合受理条件的应当受理，并通知当事人。认为不符合受理条件的，应当书面通知当事人不予受理，并说明理由。

仲裁委员会受理仲裁申请后，应当在仲裁规则规定的期限内将仲裁规则和仲裁员名册送达申请人，并将仲裁申请书副本和仲裁规则、仲裁员名册送达被申请人。被申请人收到仲裁申请书副本后，应当在仲裁规则规定的期限内向仲裁委员会提交答辩书。仲裁委员会收到答辩书后，应当在仲裁规则规定的期限内将答辩书副本送达申请人。被申请人未提交答辩书的，不影响仲裁程序的进行。被申请人有权提出反请求。

3. 仲裁庭的组成

仲裁庭的组成形式包括合议仲裁庭和独任仲裁庭两种。

合议仲裁庭是根据仲裁规则的规定或者当事人约定由3名仲裁员组成仲裁庭的，应当各自选定或者各自委托仲裁委员会主任指定1名仲裁员，第三名仲裁员由当事人共同选定或者共同委托仲裁委员会主任指定。第三名仲裁员是首席仲裁员。

独任仲裁庭是根据仲裁规则的规定或者当事人约定1名仲裁员成立仲裁庭的，应当由当事人共同选定或者共同委托仲裁委员会主任指定仲裁员。但是，当事人没有在仲裁规定的期限内约定仲裁庭的组成方式或者选定仲裁员的，由仲裁委员会主任指定。

仲裁员有下列情形之一的，必须回避，当事人也有权提出回避申请。

① 是本案当事人或者当事人、代理人的近亲属。
② 与本案有利害关系。
③ 与本案当事人、代理人有其他关系，可能影响公正仲裁的。
④ 私自会见当事人、代理人，或者接受当事人、代理人的请客送礼的。

当事人提出回避申请，应当说明理由，在首次开庭前提出。回避事由在首次开庭后知道的，可以在最后一次开庭结束前提出。

4. 仲裁审理

仲裁审理的方式分为开庭审理和书面审理两种。仲裁应当开庭审理作出裁决，这是仲裁审理的主要方式。但是，当事人协议不开庭的，仲裁庭可以根据仲裁申请书、答辩书及其他材料作出裁决，即书面审理方式。为了保护当事人的商业秘密和商业信誉，仲裁不公开进行；当事人协议公开的，可以公开进行，但涉及国家秘密的除外。

当事人应当对自己的主张提供证据。仲裁庭认为有必要收集的证据，可以自行收集。证据应当在开庭时出示，当事人可以质证。当事人在仲裁过程中有权进行辩论。

5. 仲裁裁决

仲裁裁决是由仲裁庭作出的具有强制执行效力的法律文书。独任仲裁庭审理的案件由独任仲裁员作出仲裁裁决，合议仲裁庭审理的案件由3名仲裁员集体作出仲裁裁决。裁决应当按照多数仲裁员的意见作出，少数仲裁员的不同意见可以记入笔录。仲裁庭无法形成多数意见时，按照首席仲裁员的意见作出。仲裁裁决书由仲裁员签名，加盖仲裁委员会的印章。对裁决持不同意见的仲裁员可以签名，也可以不签名。裁决书自作出之日起发生法律效力。

三、仲裁裁决的撤销与执行

1. 仲裁裁决的撤销

根据《仲裁法》第58条规定，当事人提出证据证明裁决有下列情形之一的，可以向仲裁委员会所在地的中级人民法院申请撤销裁决。

①没有仲裁协议的。
②裁决的事项不属于仲裁协议的范围或者仲裁委员会无权仲裁的。
③仲裁庭的组成或者仲裁的程序违反法定程序的。
④裁决所根据的证据是伪造的。
⑤对方当事人隐瞒了足以影响公正裁决的证据的。
⑥仲裁员在仲裁该案时有索贿受贿，徇私舞弊，枉法裁决行为的。

人民法院经组成合议庭审查核实裁决有前款规定情形之一的，应当裁定撤销。人民法院认定该裁决违背社会公共利益的，应当裁定撤销。

当事人申请撤销裁决的，应当在收到裁决书之日起6个月内提出。人民法院应当在受理撤销裁决申请之日起2个月内作出撤销裁决或者驳回申请的裁定。

仲裁裁决被人民法院依法撤销后，当事人之间的纠纷并未解决。根据《仲裁法》的规定，当事人就该纠纷可以根据双方重新达成的仲裁协议申请仲裁，也可以向人民法院起诉。

2. 仲裁裁决的执行

根据《仲裁法》第63条规定，当事人应当履行裁决。一方当事人不履行的，另一方当事人可以依照民事诉讼法的有关规定向人民法院申请执行。受申请的人民法院应当执行。

依据我国最高人民法院的相关司法解释，当事人申请执行仲裁裁决案件，由被执行人所在地或者被执行财产所在地的中级人民法院管辖。

申请仲裁裁决强制执行必须在法律规定的期限内提出。《民事诉讼法》规定，申请执行的期间为2年。申请执行时效的中止、中断，适用法律有关诉讼时效中止、中断的规定。申请仲裁裁决强制执行的期限，自仲裁裁决书规定履行期限或仲裁机构的仲裁规则规定履行期间的最后1日起计算。仲裁裁决书规定分期履行的，依规定的每次履行期间的最后1日起计算。仲裁裁决书未规定履行期间的，从仲裁裁决书生效之日起计算。

单元八 建设工程纠纷处理法律制度

单元小结

1. 民事纠纷分为两大内容，包括财产关系方面和人身关系的民事纠纷。

2. 仲裁基本特性有：自愿性、专业性、独立性、灵活性、保密性、快捷性、国际性。

3. 和解可以在民事纠纷的任何阶段进行，无论是否已经进入诉讼或仲裁程序。

4. 诉讼管辖分为级别管辖和地域管辖。级别管辖是按照法院权限高低划分，地域管辖是在同级别法院中按照地域不同来划分。

5. 民事诉讼当事人广义上包括原告、被告、共同诉讼人和第三人。

6. 财产保全分为诉中财产保全和诉前财产保全。

7. 审判程序可分为一审程序、二审程序和审判监督程序。

8. 当事人不服地方人民法院第一审判决的，有权在判决书送达之日起15日内向上一级人民法院提起上诉。

9. 人民法院作出的判决、裁定等法律文书，当事人必须履行。如果无故不履行，另一方当事人可以在2年内向有管辖权的人民法院申请强制执行。

10. 仲裁协议是双方当事人仲裁自愿的体现，没有仲裁协议，一方申请仲裁的，仲裁委员会不予理会。

11. 当事人申请撤销裁决的，应当在收到裁决书之日起6个月内提出。

12. 当事人申请执行仲裁裁决案件，由被执行人所在地或者被执行财产所在地的中级人民法院管辖。

单元练习

选择题

1. 某建设工程项目的发包方和承包商之间发生工程款结算的纠纷，双方最终依据施工合同中约定的仲裁条款通过仲裁的方式解决了纠纷，上述纠纷属于(　　)。

　　A. 民事纠纷　　　　B. 行政纠纷　　　　C. 刑事附带民事纠纷　D. 程序纠纷

2. 有关人身关系的民事纠纷多具有(　　)。

A. 可处分性　　　　B. 不可处分性　　　　C. 争议性　　　　D. 不可争议性

3. 以下不属于民事纠纷处理方式的是(　　)。

A. 当事人自行和解　　B. 行政复议　　C. 人民法院调解　　D. 商事仲裁

4. 纠纷双方当事人在(　　)达成和解协议。

A. 仲裁、诉讼之前　　B. 诉讼进行中　　C. 仲裁进行中　　D. 以上均可

5. 人民法院2月1日作出第一审民事裁决，判决书2月5日送达原告，2月10日送达被告，当事人双方均未提出上诉，该判决书生效之日是(　　)。

A. 2月1日　　　　B. 2月26日　　　　C. 2月5日　　　　D. 2月10日

6. 甲、乙、丙三人组成仲裁庭，甲为首席仲裁员，甲认为应该支持申请人的主张，乙、丙认为不应支持申请人的主张，则以下关于仲裁裁决的说法，正确的是(　　)。

A. 应按乙、丙的意见作出仲裁书

B. 乙、丙应服从甲的意见作出仲裁裁决

C. 应将甲、乙、丙各自的意见全部列出提交仲裁委员会作出决定

D. 应按甲的意见作出仲裁裁决，同时必须在笔中如实记载乙、丙的意见

7. 仲裁机构作出的裁决生效后，一方不执行的，另一方可向(　　)申请强制执行。

A. 人民法院　　　　B. 司法行政机关　　　　C. 仲裁机构　　　　D. 公安机关

参考文献

[1] 何柏洲. 工程建设法规教程[M]. 北京：中国建筑工业出版社，2019.

[2] 黄莆婧琪. 建设工程法规[M]. 北京：北京大学出版社，2019.

[3] 住房和城乡建设部. 建设法规教程[M]. 北京：中国建筑工业出版社，2022.

[4] 李志. 建设工程法规[M]. 北京：中国电力出版社，2019.

[5] 全国二级建造师执业资格考试用书编写委员会. 建设工程法规及相关知识[M]. 北京：中国建筑工业出版社，2020.